QUE SE PASSE-T-IL EN MOI ?

Du même auteur

L'intelligence du cœur, JC Lattès, Paris, 1997. Marabout, 1999.
Au cœur des émotions de l'enfant, JC Lattès, Paris, 1999, Marabout, 2001.
Le corps messager, avec la collaboration d'Hélène Roubeix, éd. *La Méridienne*, Paris, 1988, 1998.
Trouver son propre chemin, éd. L'âge du Verseau, Paris, 1991. Presses Pocket, 1992.
L'alchimie du bonheur, éd. Dervy, Paris, 1992, 1998.
Le défi des mères, en collaboration avec Anne-Marie Filliozat, éd. Dervy, 1994.

Cassettes audio :
- Relaxations-visualisations, *Trouver son propre chemin*, vol. 1 et 2.
- Conférences publiques.

A commander auprès d'Isabelle Filliozat :
454, Carraire de Verguetier
13090 Aix-en-Provence
Tél. : 04 42 92 62 88
Fax. : 04 42 92 50 89
Internet : www.filliozat.net
E-mail : ifilliozat@wanadoo.fr

Isabelle Filliozat

QUE SE PASSE-T-IL EN MOI ?

Mieux vivre ses émotions au quotidien

•MARABOUT•

© 2001, éditions Jean-Claude Lattès.

Toute reproduction d'un extrait quelconque de ce livre par quelque procédé que ce soit, et notamment par photocopie ou microfilm, est interdite sans autorisation écrite de l'éditeur.

À toi qui m'as obligée à me poser tant de questions,
à toi devant qui je me suis sentie impuissante,
à toi qui as progressé si vite,
à toi que j'ai accompagné dans la terreur de l'abandon,
à toi que j'ai tenu dans mes bras,
à toi dont j'ai entendu l'histoire,
à toi qui m'as émue par l'intensité de ta détresse,
à toi qui m'as confié tes désespoirs,
à toi qui m'as hurlé tes haines et rages d'enfant,
à toi qui as découvert ta vérité,
à toi que j'ai eu tant de mal à rencontrer,
à toi qui t'es ouvert à moi,
à toi qui ne voulais pas me faire confiance,
à toi qui as su affronter ta réalité et regarder les souffrances de ton passé,
à toi qui as su parler à tes enfants et les écouter,
à toi qui as su réparer,
à toi qui as redécouvert l'amour,
à toi qui as choisi de ne plus souffrir,
à toi qui m'as fait confiance pour t'accompagner sur le chemin de toi-même,
à toi.

Introduction

Les téléphones portables se multiplient. Internet explose. Le monde entier communique. Jamais on ne s'est autant parlé. Les outils de communication ont le vent en poupe, témoignant du désir de rencontre des êtres humains, et pourtant...

Au restaurant, un jeune homme assis face à une jolie fille. Il parle fort pour que tous l'entendent. Il est fier d'être là avec elle. Il le dit, rapporte sa matinée, n'épargnant aucun détail, glousse de rire. La jeune fille mâche lentement une feuille de salade, les yeux rivés sur son assiette. De temps à autre, elle regarde son compagnon, espère un contact... Son ami, téléphone portable à l'oreille, parle à un copain !

Perversion de l'outil ! Ce garçon utilise son portable pour fuir une intimité[1] trop menaçante ! **Il communique pour éviter de communiquer.**

Avec les amis, la famille, les collègues, nous parlons... de toutes sortes de choses. Nous évoquons des faits, des informations sur le monde, échafaudons des théories, brandissons des opinions... Nous parlons peu de nous. Nous restons à distance les uns des autres, et fort démunis dans nombre de situations

---

1. L'intimité est une relation dans laquelle les deux personnes se montrent authentiques l'une envers l'autre, hors masque, hors jeu de pouvoir.

car nous omettons **l'information la plus authentique, donc souvent la plus pertinente : notre ressenti interne.** Nous rencontrons un problème, un dilemme ? Nous supputons les réactions des autres, élaborons des stratégies complexes... Il est rare que nous évoquions ce que nous ressentons au fond de nous. Une émotion nous tord l'estomac ? Nous la faisons taire, arguant de la nécessité de se montrer « raisonnable ».

On a longtemps cru — et on croit encore souvent — que les émotions perturbent les processus de décision. Parce qu'elles sont irrationnelles. On sait aujourd'hui — scientifiquement — que nos émotions nous rendent raisonnables. **Elles sont des outils de la conscience.** Elles nous guident dans nos choix quotidiens, orientent nos actes, nourrissent nos pensées, nous confèrent notre sentiment de nous-mêmes. Elles colorent nos réactions, nous permettant de formuler des préférences et de faire des choix personnels.

Les émotions sont des **réactions physiologiques**. Leur fonction ? Adapter notre organisme face aux sollicitations de l'environnement. Alerte face au danger, préparation à l'action, réparation du sentiment d'identité, motivation... Les émotions sont au service de la vie, ce sont des mouvements de la vie en soi.

La répression des émotions sert l'injustice et non la justice. Elle favorise les jeux de pouvoir, alimente les violences... Regardons un instant l'état de notre planète. Il est temps de revoir nos conceptions. Les émotions deviennent destructrices quand elles ne peuvent être vécues, exprimées, entendues. Elles détériorent nos relations quand elles sont des projections de blessures d'antan, fantômes du passé faisant irruption dans le présent. Elles sont mauvaises conseillères quand elles se travestissent. Elles sapent nos compétences quand elles s'entremêlent. Bref, nous gagnerions à en maîtriser la grammaire.

Les émotions étant des réactions physiologiques (et non pas seulement psychologiques), elles sont les mêmes tout autour de la terre. Tous les humains ressentent de la colère lorsqu'ils sont frustrés, blessés, lorsqu'ils subissent une injustice (à moins qu'ils ne répriment leur émotion). Tous les humains éprouvent de la peur face au danger. Tous les humains traversent les émotions du deuil lorsqu'ils perdent un être cher. Les sentiments sont influencés par la culture. L'expression émotionnelle est socialisée. Le ressenti, lui, est universel.

Or, quand nos émotions sont définies comme anormales et dévalorisées (Tu es ridicule, il n'y a pas de quoi avoir peur/ne pleure pas, t'es pas un bébé/Ah ! Ah ! Ah, regardez-le comme il est mignon quand il est en colère...), le lien entre événement extérieur et vécu interne est rompu. Nous perdons les repères nécessaires pour comprendre nos propres réactions ou celles d'autrui.

Nous nous croyons différent des autres, seul à ressentir cet émoi. Nous voyons donc les autres différents de nous... Nous ne pouvons plus les comprendre... C'est ainsi que s'installe la peur de l'autre.

La violence est une des manières de conserver un semblant de pouvoir sur cet autre inquiétant. C'est aussi une tentative désespérée de communiquer alors que frustrations et vécus d'injustice s'accumulent. C'est un effort pour restaurer un peu d'estime de soi devant l'humiliation. C'est une lutte contre l'impuissance. La violence signe l'échec de la colère.

Les jeux de pouvoir, nous allons le voir tout au long de ce livre, sont des mécanismes de défense contre les émotions, des stratégies d'évitement de la souffrance, de la peur, de l'impuissance. À l'écoute de ses affects — et non de ses désirs de pouvoir et de contrôle, qui sont des défenses — l'être humain n'éprouve pas le désir de persécuter ses semblables et hésite à se soumettre aveuglément à la volonté des puissants. Il s'écoute ! Il écoute son cœur. Si la colère lui est permise, une victime n'intériorise pas son rôle et se rebelle.

J'ose rêver d'un monde plus juste et pour cela je consacre mon temps à apprendre aux gens à écouter leur cœur. **Nos émotions nous confèrent notre véritable liberté intérieure.**

Instruments d'affirmation de notre place et de nos valeurs, moteurs de nos actions, nos émotions sont essentielles à nos bonheurs individuels, mais aussi à l'établissement d'une véritable démocratie.

Nous avons parfois l'impression d'être esclaves de nos émotions, prisonniers de réactions excessives, débordés par une émotivité déplacée (pleurs inappropriés, rages subites, paniques). Ce sont des sentiments parasites dus à la répression de nos émotions véritables. Oui, notre affectivité peut se montrer envahissante, source de perturbations, de malentendus et de complications. Nous le constatons tous les jours ! **Notre erreur est de nommer toutes nos réactions affectives « émotions », alors qu'elles ne sont fréquemment que sentiments parasites.**

Nul ne nous a appris à mettre des mots sur notre vécu intérieur. Nos parents, nos professeurs à l'école, comme l'ensemble des adultes autour de nous, ont insisté sur nos comportements. Nous devions obéir, faire plaisir, accomplir notre devoir, non avoir des « états d'âme ». En termes d'émotions, nous sommes illettrés, alexithymiques disent les scientifiques.

Les (vraies) émotions sont communes à tous les êtres humains. Les manifestations émotives dysfonctionnelles sont le produit de notre ignorance, de la répression présente dans notre culture, et des habitudes liées à l'éducation.

Pour s'y retrouver, reprendre contact avec la source vive que sont nos émotions et nous dégager de l'emprise des manifestations émotives dysfonctionnelles, nous avons besoin de quelques repères. Les émotions ont un abécédaire, une grammaire. Alphabétisons-nous !

L'alphabétisation émotionnelle consiste à se donner la permission de ressentir ses sensations, d'identifier et de nommer ses émotions, en comprendre les causes et les gérer. Ce concept d'alphabétisation émotionnelle m'a été enseigné par Claude Steiner[1], il y a une vingtaine d'années. Depuis, je m'en

---

1. Américain, psychothérapeute en Analyse transactionnelle, auteur du *Conte chaud et doux des chaudoudoux*, 1984, InterÉditions et d'autres livres sur l'Analyse transactionnelle. Son dernier ouvrage s'intitule *L'ABC des émotions* paru en 1998, chez InterÉditions.

sers tous les jours dans mon métier. Je l'ai enrichi, approfondi, frotté aux situations et aux personnes, il constitue la base de mon travail tant de psychothérapeute que de formatrice en relations humaines.

L'intelligence du cœur, c'est comprendre ses véritables émotions, les exprimer de manière appropriée, savoir entendre et accompagner celles des autres, faire preuve d'empathie. Ces compétences s'acquièrent... par l'exercice.

Dans mon livre *L'Intelligence du cœur*[1], j'ai exploré ce monde des émotions et tenté de rendre intelligibles certaines de nos réactions émotionnelles. C'était un premier travail de clarification. Suite à la parution de cet ouvrage, j'ai reçu beaucoup de courrier. Nombre de lettres portaient cette interrogation : « Comment faire ? »

J'ai donc choisi d'écrire un guide, oserai-je dire un manuel d'apprentissage. On apprend d'autant mieux que l'on est actif, je vous invite à vous munir d'un cahier et d'un stylo pour faire tranquillement les exercices proposés. Certains pourront vous paraître simplistes. Ils sont basiques. N'oubliez pas combien les bases sont importantes !

Vous pouvez vous reporter directement aux chapitres qui vous intéressent, parcourir le livre et ses exercices à votre rythme et dans l'ordre qui sera le vôtre, ou respecter la progression que j'ai choisie, je vous souhaite bonne route sur le chemin de vous-même.

---

1. Éditions J.-C. Lattès, 1997.

I

VOCABULAIRE
ET POINTS DE REPÈRE

Parle-t-on vraiment tous de la même chose quand nous évoquons notre vie affective ? Plus tabou encore que la sexualité, le monde des émotions est un continent inexploré. Dans cet univers tout à la fois familier et interdit, d'expérience quotidienne et de déni, les idées préconçues et autres a priori ont la vie belle. Commençons par clarifier les termes que nous allons utiliser.

1

Abécédaire de quelques notions fondamentales

« Hier, je me suis mis en colère contre le garagiste, je déteste me faire avoir. J'avais vraiment l'impression qu'il se fichait de moi. »

« J'ai une boule dans la gorge, je ne vais jamais arriver à parler. »

« Catherine s'est effondrée en sanglots. Thibaut n'a pas été très élégant avec elle, mais tout de même, quelle fontaine cette fille ! »

« Le patron est furax aujourd'hui, il s'est levé du mauvais pied. »

« André ? c'est un lâche, il n'y a rien à en tirer, il a peur de tout. »

Ces phrases évoquent toutes la vie affective[1], mais parlent-elles de la même chose ? Le client du garage, Catherine, le patron, André, vivent des états émotionnels. La nature de leur ressenti est-elle identique ? Il semblerait que le client du garage ait exprimé une **émotion** au garagiste, suite à l'interprétation de perceptions externes. L'orateur paraît paralysé par des **sensations** internes qu'il interprète négativement.

---

1. Dans l'utilisation courante, le terme « vie affective » signifie souvent « vie amoureuse ». En réalité, la vie affective recouvre tout le ressenti émotionnel.

Catherine montre un **sentiment** de détresse. Le patron est d'**humeur** massacrante. André a un **tempérament** peureux...
Peut-on confondre sensation, émotion et sentiment ? Qu'est-ce qu'une humeur ? Et un tempérament ?

◊ *Dans le tableau ci-dessous, remplissez les colonnes de tous les mots qui vous viennent à l'esprit.*
Établissez ainsi vos listes de sensations, émotions, sentiments, humeurs et tempéraments. Vous trouverez ma propre liste un peu plus loin, mais ne trichez pas. Prenez plutôt le temps de sentir, de réfléchir, d'écouter en vous...
Parallèlement, réfléchissez aux définitions de chacun des termes.

sensations	émotions	sentiments	humeurs	tempéraments

◊ *Définitions :*

Une sensation est :

Une émotion est :

Un sentiment est :

Une humeur est :

Un tempérament est :

Maintenant, voici mes listes, elles ne sont pas exhaustives.

sensations	émotions	sentiments	humeurs	tempéraments
froid, chaud	peur/terreur	peur	joyeuse	inquiet
sucré, salé	colère/rage	colère	massacrante	violent
acide, amer	tristesse	tristesse	mauvaise	timide
âcre, sec	/douleur	joie	bonne	colérique
aigre	plaisir/	amour	chagrine	doux
humide	joie	dégoût	gaie	renfermé
collant	amour	confiance	sombre	taciturne
piquant	dégoût	angoisse	égale	agressif
douleur		inquiétude	maussade	calme
physique		anxiété	enjouée	anxieux
de piqûre		défiance	sinistre	tempéré
tremblement		haine	noire	pessimiste
bruyant		amour		optimiste
plaisir sexuel		nausée (psy)		courageux
boule/gorge		dépit		paresseux
point de côté		déception		révolté
battement		rancœur		rebelle
du coeur		ressentiment		soumis
nœud à		amertume		lucide
l'estomac		culpabilité		meneur
barre au		indifférence		sanguin
front		honte, fierté		lymphatique
rouge, vert		satisfaction		généreux
bleu		compassion		dominateur
orange...		amour		dépressif
grave, aigu		amitié		joyeux, triste
luminosité		affection		bileux
brillant		hostilité		enjoué
lumineux		frustration		lunatique
capiteux		agacement		agité, mou
relaxation		pitié		
tempes qui		jalousie		
battent		envie		
rugueux				
soyeux				
picotements				
tension				

pression				
compression				
détente				
serré, lâche				
fruité, rance				
fleuri, épicé				
brûlé				
résineux				
étirement				
contraction				

Comparez ces listes avec les vôtres. Sont-elles semblables ? Avez-vous placé une sensation dans la colonne sentiment ? Interverti une émotion et une humeur ?

Voyons ensemble les définitions de ces concepts :

SENSATION

Une sensation est l'information procurée par les organes des sens. Elle dure tant que dure la stimulation. Elle n'est pas nécessairement consciente.

Combien avons-nous de sens ?

« Cinq ! » répondent avec affirmation les bons élèves...

« Six ! » ajoutent quelques autres qui en général font référence à l'intuition, ce fameux sixième sens.

En réalité, nous en avons bien davantage. Mais à moins d'avoir suivi des études de physiologie, nul ne nous en a jamais parlé ! C'est loin d'être anodin.

Nous avons appris l'audition, le goût, l'olfaction, le toucher, la vision. Ces cinq sens appris à l'école nous renseignent sur ce qui est à l'extérieur de nous, ils sont les instruments de l'extéroception. Un rapide regard sur la liste de sensations ci-dessus nous éclaire sur l'insuffisance de ces cinq-là pour décrire ce que nous ressentons.

L'intéroception, la sensibilité aux stimuli internes, est fréquemment passée sous silence. Le message délivré aux enfants est clair. « Ce qui est à l'intérieur de toi n'existe pas ou n'a pas de valeur, concentre-toi sur l'extérieur. » Même aujourd'hui, alors que le programme officiel de l'école primaire stipule[1] que l'élève (dès la maternelle) doit apprendre à « identifier ses sensations et ses émotions », rares sont les moments en classe consacrés à se mettre en cercle pour qu'enfants et professeur mettent des mots sur leur vécu. J'aurais tant eu besoin que le professeur nomme ce qui se passait en moi quand il m'appelait au tableau. J'aurais aimé savoir que le nœud à l'estomac, la gorge sèche, les mains moites, étaient des réactions naturelles et normales de mon organisme, que mon corps était ainsi en train de se préparer à parler devant toute la classe. Je me croyais seule à ressentir cela. J'étais différente, moins bien. Non préparée, je ne savais pas accueillir ces sensations. Paniquée, je tentais de faire taire mon corps, ne réussissant qu'à trembler, bafouiller et oublier mes leçons.

Les sensations de nœud à l'estomac, de tremblement, de fourmis et autres picotements, de détente ou de tension appartiennent au registre de l'intéroception. L'extéroception nous renseigne sur ce qui est à l'extérieur du corps. L'intéroception nous renseigne sur ce qui est intérieur au corps. Elle englobe la kinesthésie (sensations de mouvement), les diverses somesthésies (sensations corporelles) liées aux récepteurs musculaires abdominaux, respiratoires et cardiovasculaires.

La sensibilité proprioceptive nous informe sur la position et le mouvement des muscles et des articulations. Les systèmes kinesthésique, vestibulaire et visuel participent à cette fonction. La proprioception est la sensation du corps propre, celle-là même qui nous confère notre sentiment d'identité : « Je suis. »

Le sens vestibulaire nous renseigne sur notre équilibre. Il est particulièrement sollicité sur les manèges et autres space-mountains.

---

1. P. 17 in *Programmes de l'école primaire*. Ministère de l'Éducation nationale-/Direction des écoles, coll. « Une école pour l'enfant, des outils pour les maîtres », Paris, 1998, Centre de documentation pédagogique, Hachette.

Les sensations viscérales, cœnesthésiques, sont aussi à classer parmi les sensations intéroceptives.

Nos sensations internes nous renseignent sur nos émotions.

ÉMOTION

Une émotion est une réponse **physiologique** à une stimulation. E-motion : E = vers l'extérieur, motion = mouvement. C'est un mouvement qui sort.

Les émotions font partie de notre équipement de survie. Leur fonction biologique est double :
— produire une réaction spécifique à la situation déclencheur ;
— réguler l'état interne de l'organisme pour maintenir son intégrité.

Nombre de personnes mettent d'emblée l'angoisse dans la colonne émotion. Il est vrai que l'angoisse est assortie de nombreuses sensations physiques, c'est un ressenti qui paraît physiologique. En fait, ce n'est pas *une* émotion, c'est *un mélange* d'émotions (peur et colère, peur et tristesse, peur sur conflit colère/tristesse, etc.), ce qui en fait un sentiment parasite. Nous verrons un peu plus loin la définition de ce terme. Ce n'est pas une émotion au sens précis du terme.

Une émotion dure quelques minutes au plus et se déploie en trois temps : charge, tension, décharge.

La perception du stimulus et son interprétation par l'amygdale déclenchent la charge de l'émotion. Des hormones spécifiques sont libérées. Le corps se met en tension, en mobilisation énergétique pour agir ou fuir. Ordonnant l'expansion ou la rétraction, l'attirance ou le rejet, l'émotion guide l'organisme vers une réaction adaptée à l'environnement. Nos émotions veillent à notre conservation et orientent notre croissance.

La décharge est la phase d'expression qui permet au corps

de revenir à son équilibre de base. (Ex-pression = mettre la pression à l'extérieur.)

Xavier fait de l'escalade. Il lance sa main vers une aspérité pour s'accrocher, s'agrippe... Soudain le morceau de roche se détache. Au même instant son pied droit dérape... Son estomac se serre, son cœur accélère. Il dévisse de quelques mètres. Il crie. Merci à la corde et aux copains qui l'assurent ! Une fois revenu au sol, il se met à trembler de tout son corps. Il a besoin d'expulser la peur de son corps pour reprendre confiance. Il s'appuie contre un arbre et hurle. Après cette décharge émotionnelle, il se sent de nouveau près à affronter la montagne.

Quelques semaines après l'enterrement de son frère, Dolorès est sur le canapé, son mari est près d'elle. Henri combattait la maladie depuis quelques mois. Le cancer a fini par vaincre. Au début elle n'avait pas voulu y croire. Son frère ne pouvait pas être mort. Puis elle avait invectivé Dieu, crié à l'injustice. Depuis quelques jours, la nostalgie l'avait envahie. Les bons souvenirs remontaient, mais aussi les mauvais. Elle pleurait beaucoup. Ses sanglots lavaient la blessure. Ce soir, sa poitrine lui fait mal. Dolorès sent une boule de tensions en elle. Sur le canapé, auprès de son mari, Dolorès évoque l'image de son frère. Son cœur se serre. Il est parti. Elle ne verra plus son visage rieur. La douleur est infinie. Dolorès laisse une plainte sortir de ses lèvres. La plainte grandit et s'épanouit dans un long hurlement. Dolorès hurle enfin sa douleur. Il lui faut se détacher de lui. Elle accepte l'arrachement. La décharge de l'émotion la libère de la douleur, lui apporte la paix et l'acceptation. La boule de tensions est partie.

Nous aimerions éviter la souffrance, faire taire ces émotions qui expriment nos blessures... Comme si nous pouvions éviter les déchirures de la vie. Nous sommes tentés de croire que nos émotions sont des erreurs de la nature à rectifier par un contrôle sévère. La nature nous a pourtant dotés d'un système émotionnel pour notre plus grand bien. Comment pourrait-il en être autrement ? Pensons un instant à l'extrême perfection de notre organisme. Chaque organe a son rôle et le joue en harmonie avec le reste du corps. Les milliards de cellules dont nous sommes constitués fonctionnent dans une sublime synchronie... La nature aurait fait une erreur en nous dotant de peur ou de colère ? Non, avouons plutôt humblement que nous ne savons pas nous en servir.

Le système émotionnel dont notre cerveau est doté est utile ! Nos émotions sont à notre service.

SENTIMENT

Un sentiment est un état affectif complexe, combinaison d'éléments émotifs et imaginatifs, plus ou moins clair, stable, qui persiste en l'absence de tout stimulus. (*Dictionnaire Larousse de la psychologie.*)

Le sentiment s'étaye sur une émotion ou se constitue à partir d'un mélange d'émotions : le sentiment de culpabilité, par exemple, est fait de peur et de colère retournée contre soi. L'émotion est une information transmise par le corps. Le sentiment est une construction, une élaboration de notre lien à autrui, une orientation psychique. Il est interne, privé, et n'est pas accompagné de modifications physiologiques importantes (sauf dans le cas d'un mélange d'émotions comme l'angoisse par exemple).

Il peut durer toute une vie, comme un sentiment d'amour, ou (hélas) de haine. En général, exprimer un sentiment le renforce, ce qui est une bonne idée dans le cas de l'amour et de la tendresse, et ne l'est pas forcément concernant la haine, la culpabilité, la jalousie ou tout autre sentiment désagréable et destructeur.

Ludovic peut hurler sa jalousie à Martine, le sentiment ne s'éteindra pas. Exprimant sa jalousie, il l'entretient. Pour s'en libérer, il lui faut retrouver en dessous de ce sentiment, les émotions qui le composent : probablement de la colère face à la tromperie de sa femme + de la peur de ne pas avoir de place et/ou de valeur + de la peur d'être quitté.

Pour se libérer d'une *émotion* désagréable, à condition

qu'elle soit authentique, il suffit de l'exprimer. Pour se libérer d'un *sentiment* douloureux, il est nécessaire de démêler les nœuds émotionnels et de décoder les affects sous-jacents. Seuls ces derniers sont à exprimer physiquement.

« J'ai peur de parler devant vous, j'ai les mains moites, les jambes qui tremblent, et une boule dans la gorge », annonce Clara en prenant la parole devant son auditoire. Verbalisant ainsi son trac, Clara est surprise de voir ses sensations diminuer. Au fur et à mesure de son discours, la peur s'évanouit.

« Je suis angoissée », répète Cécile à son mari qui part plusieurs jours de suite sur les routes. Elle le lui dit et le répète sur tous les tons, et pourtant l'angoisse est toujours là, paralysante au point de la mener à la dépression.

La peur de Clara est une émotion, une réaction physiologique de trac, appropriée devant un public. Le trac prépare le corps à la dépense énergétique que nécessite la parole en public. Verbalisant sa peur debout, en regardant son public et en ouvrant les mains, Clara **utilise** la charge énergétique, et s'en libère.

L'angoisse de Cécile est un complexe d'émotions, un sentiment qui recouvre ses émotions véritables. L'exprimant, elle l'entretient et s'y enferme[1].

Cécile ne se dégagera de son angoisse que lorsqu'elle osera prendre contact avec ses peurs et sa colère. Elle ressent de l'angoisse à l'idée que son mari ait un accident. En réalité, elle l'a découvert dès la première séance de psychothérapie, elle est furieuse contre lui parce qu'il l'a obligée (*sic*) à vivre dans un pays dans lequel elle s'ennuie. Il gagne beaucoup d'argent, mais elle est souvent seule et lui en veut de cette

---

1. Un psychothérapeute peut vous inviter à exprimer jalousie, haine, angoisse... Il le fait dans le but de vous permettre de dégager l'étage supérieur de votre sandwich émotionnel pour accéder au jambon : vos véritables émotions. Exprimés dans un cadre thérapeutique, nos sentiments ne se renforcent pas, ils découvrent leurs racines. En général, dans la vie courante, on exprime un sentiment dans le but de culpabiliser l'autre ou de se protéger de ses émotions profondes, c'est pourquoi il est inapproprié de l'exposer.

frustration. Comment exprimer de la colère à quelqu'un dont on est affectivement et financièrement dépendant ? Culpabilisée d'éprouver des impulsions agressives envers son mari, elle en refuse la conscience. Son inconscient les met en images en lui proposant des films catastrophes impliquant son mari dans divers accidents. L'angoisse, sentiment plus autorisé que la colère, la protège de cette dernière. Son amour pour son mari n'est pas menacé.

En poussant l'analyse, Cécile entend d'autres peurs qui nourrissent ses angoisses, plus profondes, plus anciennes. Elle s'ennuie dans sa maison, en partie parce qu'elle ne travaille pas. Officiellement, elle a cessé sa profession parce qu'elle n'en avait plus besoin financièrement. Officieusement, elle a quitté son emploi parce que le monde du travail la terrifiait. Elle avait trop de peurs en elle : peur de ne pas savoir, de ne pas être à la hauteur, peur du jugement d'autrui, du rejet... Suivre son mari et s'abriter financièrement derrière lui offrait un immense bénéfice : éviter la confrontation avec ses démons intérieurs.

Le processus est tout à fait inconscient. Pour fuir ses peurs, elle se met en dépendance de son mari. Puis elle en veut à ce dernier de ne pas satisfaire ses besoins. L'angoisse efface tout sentiment « négatif » envers le mari et renforce la dépendance qui l'enferme.

Ses peurs ne concernent décidément pas son mari. Leur expression sera vaine.

Dans mon classement, vous constaterez que toutes les émotions sont aussi présentes dans la colonne sentiment. Le sentiment s'étaye sur l'émotion.

Face à un danger, nous ressentons une *émotion* de peur. Puis cette expérience peut nous inciter à nourrir un *sentiment* de peur autour de ce qui a suscité *l'émotion*.

Nos cœurs battent la chamade, le sang afflue dans le visage, les pupilles grandissent... pendant les quelques minutes que dure *l'émotion* d'amour, lors de retrouvailles après un temps d'absence ou quand on se dit « je t'aime » en se regardant dans les yeux et en respirant bien profondément… Puis le cœur se calme, les sensations physiques s'effacent, laissant place au *sentiment* d'amour. Nous ne sommes pas dans *l'émotion* d'amour vingt-quatre heures sur vingt-quatre quand nous vivons avec l'être aimé ! Nous éprouvons pour lui un *sentiment* d'amour qui peut durer toute une vie. Le sentiment se nourrit des moments d'émotion. Quand l'émotion d'amour est trop absente, le sentiment peut finir par s'éteindre. Et la profondeur du *sentiment* augmente l'intensité et la puissance de *l'émotion* d'amour.

HUMEUR

Une humeur est un état passager, une ambiance affective qui colore le vécu. Elle dure de quelques heures à une journée. Elle peut s'installer progressivement ou changer brusquement.

Elle est en général le résultat d'une émotion non exprimée. Elle peut naître à la suite d'un rêve de la nuit, d'une association inconsciente, d'un conflit interne entre plusieurs émotions. Nos rêves mettent en images des émotions que nous avons du mal à nous avouer. Ils nous révèlent des conflits internes dont nous resterions volontiers inconscients. Le rêve est parfois si crypté que sa signification nous échappe, mais l'humeur qui en découle trahit nos sentiments.

L'humeur peut aussi être liée à un processus physiologique sans lien avec une émotion. Hormone et humeur ont la même racine. À l'approche de leurs règles, nombre de femmes sont irritables, plus susceptibles que d'ordinaire.

TEMPÉRAMENT

Un tempérament est une habitude émotionnelle apprise dans l'enfance. Il peut marquer la personne toute une vie. Convaincus de la véracité de nos croyances sur nous-mêmes (je suis un colérique, un timide…) nous les entretenons par nos réactions stéréotypées.

Non, votre tempérament n'est pas votre identité ! Vous pouvez en changer s'il est inconfortable. Je faisais moi-même preuve d'un tempérament lymphatique, je suis aujourd'hui dynamique. Timide, dotée d'une forte tendance à l'introversion, je suis aujourd'hui tout à fait ouverte sur autrui. Alors que j'étais incapable de prendre la parole dans un petit groupe, d'oser plus de trois mots avec un inconnu de mon âge, je peux aborder tête-à-tête intime, émissions de télévision, personnalités en vue ou grands groupes sans complexe.

Humiliée par un professeur d'éducation physique maladroit à l'école primaire, je suis devenue nulle en gym. J'ai cru pendant des années que je n'avais pas le tempérament sportif. Impossible de courir, de monter à la corde ou de faire le cochon-pendu ! Je détestais le vélo et tout ce qui demandait à mon corps de bouger.

Aujourd'hui guérie de cette humiliation, j'adore nager, faire du vélo, des sauts périlleux sur le trampoline, du tennis et du trapèze ! Je me découvre bien plus physique que je ne le croyais !

Bien sûr, il y a des seuils de sensibilité différents. Certains entendent plus ou moins bien, leurs récepteurs sensoriels tant extéroceptifs qu'intéroceptifs ont une plus ou moins grande excitabilité. Mais notre histoire joue un grand rôle dans la construction de notre sentiment d'identité. De plus, rappelons-nous que notre cerveau est extrêmement malléable. Nous disposons d'une plus grande liberté que nous le croyons.

Si l'ensemble des spécialistes actuels s'accordent à peu près sur les définitions, chacun opère son propre classement, tant il est difficile de mettre l'expérience humaine en lignes et colonnes.

Certains ne verront que quatre émotions dites « de base » : la peur, la colère, la tristesse et la joie. Quelques psys incluront l'amour. Les neuro-physiologistes ajouteront la surprise. Au psychothérapeute sont exprimées des émotions qu'on n'ose pas dire ailleurs. Le psychothérapeute, témoin du réflexe de vomissement de la personne qu'il accompagne, classera le dégoût au rang des émotions.

C'est dire si tout ce travail de clarification est encore en évolution, en construction. Déduisez-en que vos classements ne sont pas forcément « faux » s'ils ne ressemblent pas aux miens.

Ce que je vous présente ici n'est que le fruit de mon expérience actuelle. Je profite de cette occasion pour souligner que tout ce que je vous assène dans cet ouvrage est faux, puisque je fais des généralisations, des raccourcis, des ellipses... Ne prenez pas mes paroles pour argent comptant, réfléchissez par vous-même, sentez, écoutez en vous. Mon rôle se borne à indiquer des pistes, des orientations, des processus.

◊ *Nommez...*
 — *une sensation ressentie aujourd'hui :*
 — *une émotion :*
 — *un sentiment :*
 — *votre humeur de ce jour :*
 — *votre tempérament actuel :*

◊ *Qu'avez-vous appris sur vous-même en faisant les exercices de ce chapitre ?*

2

Que se passe-t-il en moi ?

Martine vient me voir pour la première fois. Elle a « tout pour être heureuse », un gentil mari avec une belle situation, de beaux enfants, un bon métier, et elle vient d'acquérir une superbe maison. Pourtant, à l'intérieur d'elle, rien ne va. D'ailleurs, cette maison, elle ne la supporte pas. Elle ne se comprend pas. Pourquoi a-t-elle choisi de l'acheter ? « En fait, je ne savais pas vraiment ce que je voulais, elle plaisait à mon mari, j'ai dit oui. » Depuis, elle se sent déprimée, oppressée. Tendue à l'excès, elle ne dort plus. Dans sa tête les pensées se bousculent, elle a mille choses à faire, elle *se donne* mille choses à faire. Il est vrai que la maison est grande, mais : « J'ai toujours été comme ça. Je m'occupe sans cesse. Il faut que tout soit parfait — c'est super pour mes employeurs — mais je m'épuise.
— Parlez-moi de cette maison...
— C'est une ancienne maison de maître, la propriété a été divisée et des pavillons ont été construits devant. La maison est un peu en hauteur, mes fenêtres s'ouvrent sur des toits. Je me sens mal d'être au-dessus des autres, dans cette bâtisse trop bourgeoise. »

J'observe Martine pendant qu'elle me parle d'elle, de sa maison, de ses difficultés à vivre, de son passé, et quelque chose me frappe, le décalage entre ce qu'elle me raconte et le visage lisse et souriant qu'elle arbore.

« Je vais vous livrer l'impression que j'ai de vous quand vous me parlez : vous n'êtes pas là. Vous n'êtes pas en vous. J'ai l'impression que vous vous êtes séparée de vous il y a très longtemps. Un jour, ou peut-être est-ce venu insensiblement, vous avez perçu que vous n'étiez pas acceptée pour vous-même. Vous vous êtes tue, vous avez mis un masque, endossé la personnalité attendue, selon vous, par votre famille. Dans votre voix percent des émotions, mais sur votre visage rien ne transpire. Vous ne laissez pas s'exprimer la vraie Martine.

— C'est exactement cela, répond-elle, émue. Quand j'avais dix mois, ma mère était enceinte. Ça se passait mal. Elle est partie à l'hôpital pendant une dizaine de jours. Ma grand-mère vivait avec nous, je suis restée avec elle. Dès cet instant, ma mère ne m'a plus regardée. Elle s'est concentrée sur sa grossesse, son accouchement, puis sur mon frère. Plus tard, elle m'a dit : "Ta grand-mère s'est occupée de toi, elle continuera." Alors c'est vrai, je n'ai plus existé. J'étais une caricature de petite fille modèle, bien habillée, les cheveux joliment bouclés... parfaite. Je ne faisais jamais de bêtise, je ne pleurais pas. J'espérais qu'elle me regarderait, qu'elle m'aimerait. Je n'ai jamais dit "non" à ma mère, jamais ! Je me suis toujours soumise à ce qu'elle voulait. De toute façon, je ne savais pas ce que je voulais. Je n'ai jamais dit "JE". »

Martine ne supporte plus de se montrer parfaite, d'être « la grande », celle qui est au-dessus (tiens, tiens, la maison bourgeoise au-dessus des pavillons...), elle veut désormais se retrouver, se mettre enfin à l'écoute de la vraie Martine. Celle qui a dû se taire dès l'âge de dix mois, et mettre un masque dans l'espoir de plaire à sa mère et de récupérer une petite place dans son cœur. Martine veut pouvoir dire JE. Ce JE est enterré avec ses émotions.

Et vous ? Savez-vous dire JE ?

3

De l'illettrisme à la maîtrise

Qui suis-JE ? Je suis celui que je me sens être. **Les émotions sont à la racine du sentiment de soi**, de la conscience de soi.

Connaître ses affects, savoir les mettre en mots, en saisir les causes, faire preuve d'empathie envers soi-même comme envers autrui, être capable d'identifier comment nous interagissons les uns avec les autres... Parcourons ensemble les étapes qui mènent de l'illettrisme émotionnel à l'intelligence du cœur. Vous vous reconnaîtrez peut-être ou identifierez les tendances de l'un de vos proches. Attention, ce ne sont pas des définitions de personnalités, mais des étapes. Certains y restent bloqués un temps, parfois toute une vie. Le processus vous montre le chemin à parcourir.

1. L'anesthésie

Aldo ne ressent rien, ses affects sont engourdis, il est comme anesthésié. Il est « blindé ». Un mur le sépare de ses sentiments réels. Aucune émotion ne parvient à sa conscience, ni même de sensation particulière. Il peut réfléchir, manipuler des concepts abstraits. Il voit les événements sans en être affecté, ni en positif, ni en négatif.

A-t-il une excellente maîtrise de lui-même ? Il le dit volontiers. Son « détachement » peut paraître sagesse ! En réalité, c'est du déni ou du refoulement. Les accélérations cardiaques sont bien là, elles sont seulement hors de sa conscience. Son entourage peut observer des tensions dans son visage, des couleurs, entendre un changement de tonalité dans la voix. Aldo reste pourtant persuadé que les événements le laissent froid. Les personnes qui s'anesthésient ainsi ont l'impression d'être « fortes ». En réalité, elles sont déconnectées d'elles-mêmes, et *a fortiori* des autres.

D'autres n'ont pas conscience de réprimer, ils fument, boivent un verre, se rongent les ongles, trépignent, achètent à tour de bras. Bref, s'absorbent dans un comportement compulsif qui leur permet d'éviter l'émotion. Pour ne pas écouter la voix de leur cœur, ils se focalisent sur des stimuli externes. Ils ne savent pas/ne veulent pas savoir que quelque chose se déroule en eux. Ils s'anesthésient.

2. Perception de sensations diffuses

Jacques, lui, n'est pas anesthésié. Il éprouve toutes sortes de sensations qui l'inquiètent : pression dans la poitrine, accélération cardiaque, nœud à l'estomac, tremblements, chatouillis, douleurs... Cette esthésie diffuse est une première étape dans la conscience de soi. Sortant de l'anesthésie, la personne perçoit des sensations. Cependant, elle ne les relie pas à une expérience émotionnelle. Les sensations sont vécues comme isolées, voire comme si elles ne lui appartenaient pas. « Le cœur bat », dit Jacques. Il peut ajouter très vite : « Il n'y a pas de peur. »

« *Il n'y a* pas de peur » dit-il à la place de « *je n'ai* pas peur ». Par ce détail grammatical, Jacques se présente comme en dehors de lui-même. Il constate. Il est témoin. Pas vraiment sujet. Formuler ses phrases ainsi à la troisième personne du singulier (voire en utilisant le « on ») est un moyen de maintenir l'information suffisamment à distance pour ne pas être envahi par l'émotion.

◊ *Enregistrez quelques-unes de vos conversations avec différentes personnes et écoutez attentivement vos formulations. Exercez-vous à repérer dans votre propre langage :*

les formulations actives telles que :	les formulations passives telles que :
J'ai une idée	Une idée m'est venue
Je suis tendu	C'est le stress
J'ai chaud	Il fait chaud ici

Certaines personnes bloquées à cette étape se focalisent sur ces sensations diffuses. Elles sont tellement préoccupées par leurs frissons, picotements et autres grattouilles dans leur corps, qu'elles s'inhibent, se paralysent... et utilisent cette focalisation sur leurs sensations pour ne pas prendre conscience de l'émotion qui les provoque.

La mère de Sylvie est ainsi. « Elle m'exaspère ! clame cette dernière. Elle ne parle que de maladie, de douleurs. C'est infernal, elle a toujours un truc de travers, mal quelque part. » Les émotions restent en dehors de la conscience, camouflées par les sensations mêmes qui pourtant les indiquent voire les soulignent.

3. Expérience émotionnelle chaotique

Paula stationne à l'étape suivante. Ses émotions émergent, l'envahissent, et la débordent. « Je sens plein de choses, j'ai envie de pleurer, je me sens bizarre... » Claude Steiner nomme cette étape « expérience chaotique ». Paula associe bien ses sensations à des émotions. Elle est encore incapable de les identifier clairement et d'en saisir les causes.

Dans le langage courant, on parle alors de personnes « émotives ». Selon ma terminologie dans *L'Intelligence du cœur*, elles sont « hyperémotives ». Elles sont envahies de turbulences émotionnelles sans pouvoir les nommer ou en identifier les causes. En conséquence, leurs émotions restent plus inhibitrices que bénéfiques. Le passé fait irruption sans crier gare. Les émotions ressenties sont rarement réactives à l'instant présent, elles sont des élastiques, des collections de timbres, des projections, des substitutions... des sentiments parasites, dysfonctionnels. Nous verrons plus loin ce que recouvrent tous ces termes.

4. Identification

La verbalisation est le processus qui va permettre d'identifier, de différencier, d'organiser les affects et de mettre de l'ordre dans le vécu intérieur. Mettre des mots sur le ressenti oblige à placer les éléments les uns à côté des autres. Le chaos interne se structure quand je pose l'un après l'autre sujet/verbe/complément. Je peux analyser. Je parle de ce que je ressens, c'est déjà une prise de distance. Je ne suis plus englué(e) dans l'émotion, je la nomme. Les émotions se démêlent, je peux séparer ma peur et ma colère face à un même événement... Sans langage, on reste dans une expérience inclassable, inconnaissable, indifférenciable. Mettre des mots, c'est commencer à regarder son expérience et lui donner du sens. C'est aussi permettre à nos émotions de participer à la construction de nos relations à autrui, et ne plus les laisser nous diriger inconsciemment.

Le simple fait de nommer une peur la diminue, à condition que cette crainte soit fonctionnelle, c'est-à-dire appropriée et proportionnelle à la situation. La violence nous emporte ? Identifier de la colère en soi, de l'impuissance et de la peur, nous ramène à une attitude plus constructive. En séparant les différentes émotions qui s'emmêlent dans un sentiment de culpabilité ou de jalousie, il devient plus facile de le maîtriser.

L'identification est une étape nécessaire pour distinguer d'une part les émotions réactives à exprimer et d'autre part les sentiments parasites et dysfonctionnels dont déclencheurs et causes profondes sont à élucider.

5. Causalité

Paula a peur des autres, elle entre peu en relation. Elle est face à moi, nous nous regardons dans les yeux. Dans cette situation, il est vrai inhabituelle, elle identifie de la peur en elle. Allons plus loin.

Isabelle : « De quoi as-tu peur ? »

Paula : « J'ai peur que tu me tapes. » Elle se protège de son bras.

Je n'ai évidemment pas esquissé le moindre geste dans ce sens. Toujours silencieuse, j'accueille son émotion en continuant de la regarder dans les yeux.

Paula : « C'est comme avec ma mère, j'avais toujours peur qu'elle s'approche de moi, je ne savais pas ce qu'elle allait me faire. Elle était tellement méchante, elle me regardait avec ces yeux terribles, pleins de haine. »

La racine de la terreur de Paula est dans son histoire. Sa peur ancienne se réveille dans les situations de proximité, d'intimité. L'approche de l'autre n'est que le déclencheur, la cause réelle est dans son passé. Paula le découvre ici, elle projette ses émotions d'enfant sur les situations d'aujourd'hui. En réalité, elle n'a pas peur des gens, mais de sa mère.

Quand nos émois sont disproportionnés ou inadaptés aux situations, les causes sont alors à rechercher dans le passé, proche ou lointain.

Quelle liberté retrouvée quand on est capable de distinguer si l'émotion est réactive, donc adaptée et proportionnée à l'événement, ou s'il s'agit d'un déplacement ou d'une projection... La vie nous apparaît sous un autre jour. Les réactions d'autrui, nos propres attitudes nous deviennent compréhensibles. Nous retrouvons du pouvoir sur notre quotidien et sur nos relations.

Paula : « Maintenant je comprends. Je ne parle jamais de moi, je me sens coupable pour un rien. C'est à cause de mon enfance. J'ai appris à me cacher. J'ai peur que les gens ne réagissent comme ma mère. »

6. Empathie

La compréhension de ses propres émotions mène tout naturellement à la compréhension des émotions d'autrui. C'est la naissance de l'empathie. Empathie pour soi, pour celui que nous avons été, puis empathie pour l'autre en face de soi.

Paula : « J'avais terriblement peur de ma mère. Je me sentais coupable, mais je ne savais jamais ce que j'avais fait de mal. Elle me détestait, je le voyais. Pourtant je faisais tout pour me faire oublier... En fait, je crois bien que j'aurais pu faire n'importe quoi, ça n'aurait rien changé. Elle avait tellement de haine à l'intérieur d'elle. Elle la déversait sur moi... Elle montrait de la rage, mais il y avait de la peur en elle. Elle était prisonnière de ses terreurs. »

L'empathie est une attention portée au vécu d'autrui, une écoute, une compréhension de ses émotions. C'est une écoute sans jugement, sans excuse non plus. Ici, Paula montre de l'empathie pour sa mère... Elle la comprend en profondeur.

Quand on a peu conscience de ses propres émotions, et donc peu de compréhension d'autrui, on a naturellement une certaine tendance à l'égocentrisme. Nous nions aux autres le droit d'agir en fonction de leur vécu personnel et nous interprétons leurs comportements comme dirigés vers nous, comme par exemple : « Il ne m'écoute pas = il ne s'intéresse pas à moi. » Dans le cas de Paula cela s'exprime ainsi : « Ma mère me terrorise par son comportement = elle me hait parce que je suis mauvaise. »

L'empathie nécessite de se décentrer de soi-même pour

se centrer sur son interlocuteur. Se connaître, s'accepter soi-même dans ses émotions est fondamental pour permettre à autrui de s'exprimer dans sa vérité, de rire, pleurer, ou crier, sans chercher à le calmer à tout prix. Après le voyage à l'intérieur de soi, la subtilité des émotions d'autrui devient plus lisible, et le respect pour ses sentiments devient naturel.

Quand quelqu'un se montre désagréable, il le fait fréquemment en toute inconscience, par peur, par défense. Le plus souvent, votre interlocuteur n'imagine pas la souffrance qu'il vous inflige.

Conscience de soi et empathie nous ouvrent à une compréhension plus profonde des nœuds dans nos relations.

7. Interactivité

Quand nous prenons conscience de la réalité affective d'autrui, nous mesurons l'impact de nos gestes, paroles et attitudes envers lui.

Paula : « Comme j'ai peur des autres, je les mets à distance et ils peuvent ressentir cela comme de l'hostilité... Je n'avais jamais pris conscience que le fait de me retirer en moi-même avait un impact sur les autres... Ils me reprochaient de ne pas les écouter, mais en fait je n'avais pas perçu qu'ils pouvaient se sentir blessés du fait que je ne leur prêtais pas l'attention qu'ils demandaient... *C'est incroyable, mais c'est vrai, je ne me rendais pas compte !* »

Plus nous grandissons dans la maîtrise de nos propres émotions, plus nous sommes capables d'identifier et de comprendre ce que ressent autrui. Notre empathie se développe et nous ouvre la porte de l'intimité. Nous devenons conscients de l'interactivité entre nos états d'âme et ceux des autres. Nous accédons à l'interdépendance, condition d'une véritable autonomie.

Dans les années 70, une génération de psys a insisté sur la responsabilité personnelle : « Ce que tu ressens est à toi, c'est ton problème », « Tu es en colère contre moi ? C'est ce que tu ressens (en insistant sur le *tu*), je ne suis pas responsable de tes sentiments... »

C'est vrai, chacun est responsable de lui-même, mais il est faux de dire que nous n'interagissons pas. Nos comportements, nos attitudes, provoquent des réactions chez les autres. En assumer la responsabilité nous garantira des relations harmonieuses plus sûrement que l'attitude de renvoyer systématiquement l'autre à lui-même.

Dans les chapitres qui suivent, découvrez comment vous vous anesthésiez parfois... Puis apprenez à affiner vos sensations, à les associer à des émotions. Il sera alors temps d'apprendre à faire le tri entre les émotions utiles et les autres.

Le graphique ci-dessous (de Claude Steiner) reprend les étapes décrites, de 0 % (l'anesthésie) à l'interactivité, tendant vers les 100 % d'intelligence émotionnelle ! La ligne verbale matérialise le lieu où l'émotion sort de l'inconscience et peut être parlée.

```
100 %  ▲
       │  Interactivité
       │  Empathie
       │  Causalité
       │  Identification                    ligne verbale
───────┼──────────────────────────────────────────────────
       │  Expérience émotionnelle chaotique
       │  Sensations
  0 %  │  Anesthésie
```

4

Mes stratégies pour ne pas sentir

Êtes-vous conscient de vos stratégies de prédilection pour ne pas sentir ? La toute première étape vers une véritable maîtrise de nos affects est de prendre conscience de vivre quelque chose en soi. Ne pas sentir, c'est rester éloigné d'informations utiles, se couper de soi. Or nombre de gens ne savent pas que fumer une cigarette permet de dissimuler une émotion, que se ronger ou s'arracher les ongles, parler très vite, avoir la jambe ou le pied qui tressautent, sont aussi des défenses pour ne pas percevoir ce qui se passe en soi.

Ces comportements réactionnels ou leurs motivations sont automatiques et inconscients. Le processus est : je me donne une stimulation pour distraire mon attention, je dérive l'énergie. Tous ces gestes, tics et gesticulations ont en commun de limiter la respiration à un faible souffle dans le haut de la poitrine.

Pour stopper le flux de nos émotions, nous cessons de respirer naturellement (la respiration naturelle va jusqu'en bas des poumons et ouvre le bassin) en bloquant tout simplement le diaphragme, comme si nous faisions un nœud au niveau du plexus. On sent bien ce verrou jusque dans le dos, à la hauteur de l'attache du soutien-gorge pour les femmes. C'est un point fréquemment douloureux. La tension est là, témoin du blocage de la respiration.

Les comportements compulsifs peuvent prendre la place de l'affect au point d'en annuler toute conscience. Quand la personne est consciente de juguler quelque chose en elle, elle nomme volontiers angoisse ses sensations. Un terme générique qui englobe son ressenti, et maintient dans l'inconscience les véritables émotions sous-jacentes.

Voici, listées ci-dessous, quelques manifestations typiques de refoulement d'une émotion.

◊ *Observez vos habitudes comportementales et cochez les cases qui correspondent :*

- ☐ *Je bloque souvent ma respiration*
- ☐ *Je bois beaucoup de café*
- ☐ *Je me ronge les ongles*
- ☐ *Je tapote des pieds ou sur mon stylo*
- ☐ *Je compte dans ma tête*
- ☐ *Je bavarde*
- ☐ *Je ne pourrais pas vivre sans... cigarette, sucre, alcool, sexe, médicaments, travail, télévision, minitel, internet...*
- ☐ *Je roule très vite en voiture*
- ☐ *Je range très méticuleusement mes affaires*
- ☐ *Je dors beaucoup*
- ☐ *Je méprise les autres, je juge*
- ☐ *Je prends les autres en charge, je suis sauveur*
- ☐ *J'attaque, je blesse volontiers autrui, je suis persécuteur*
- ☐ *Je me soumets, je cherche à faire plaisir à tout prix, je suis victime*
- ☐ *Je parle très vite*
- ☐ *Je me replie sur moi, je m'isole*
- ☐ *Je m'active au ménage, ma maison est toujours impeccable*
- ☐ *Autre...*

Les stratégies sont diverses, elles se reconnaissent à la compulsion. Votre réaction est comme automatique, nécessaire, vous avez du mal à vous en empêcher. Tout est bon pour effacer l'émotion, occuper le corps, les sens, l'esprit.

◊ *Ma principale stratégie pour ne pas sentir est :*

◊ *Surprenez-vous à l'employer, et tentez de voir ce qui se passe si vous vous interdisez ce comportement parasite. Mettez-vous à l'écoute de vos sensations. Nommez-les.*

◊ *Prenez une heure de votre temps pour entrer en relation avec vous-même. Débranchez le téléphone et affrontez une petite heure de solitude, sans rien faire de spécial. Soyez attentif aux tentations... Interdisez-vous d'y succomber. Sans prendre la cigarette, sans aller grignoter dans la cuisine, sans ranger ni vous agiter de quelque façon que ce soit, écoutez ce qui se passe en vous. Décrivez vos sensations internes sur votre journal de bord.*

Qu'avez-vous appris de ces exercices ?

5

Reprenez contact avec vos sensations

Apprenons à sentir sans juger, à écouter simplement ce qui se passe en nous. Nous ferons ensuite le lien avec les émotions.

Nos sens nous donnent des informations sur le monde qui nous entoure *et* sur nous-mêmes. Comme nous l'avons vu, l'école nous a appris à répertorier cinq sens : la vue, l'ouïe, le toucher, l'odorat, le goût. Nous sommes moins familiers avec l'intéroception : le sens de l'équilibre (dans l'oreille interne), le sens du mouvement musculaire (kinesthésie), le sens du corps propre (proprioception). Ces sens tournés vers l'intérieur nous informent sur nos émotions.

◊ *Prenez un instant pour « écouter » votre corps alors que vous lisez ce livre. Mettez des mots sur vos sensations physiques :
« J'ai chaud, j'ai froid, je sens des picotements dans l'épaule gauche, une tension dans le mollet, mon ventre se soulève avec ma respiration, mon cœur bat, de la chaleur dans la poitrine... »*

◊ *Allez dans un jardin, respirez, regardez la nature : la terre, les pierres, l'eau, les plantes, les fleurs. Posez sur cette nature un regard différent, soyez attentif aux sensations que vous procurent tous vos sens.*

◊ *À la terrasse d'un café, exercez la sélectivité de votre oreille. Écoutez la conversation de vos voisins, puis projetez votre écoute le plus loin possible. Écoutez à gauche, à droite.*

◊ *Laissez les aliments longtemps dans votre bouche, prenez le temps de goûter vraiment.*

◊ *Narines en alerte, humez les plats. Détectez à l'odeur le parfum de vos sorbets.*

◊ *Touchez tout ce que vous trouvez à votre portée en lisant ce livre et soyez attentif aux sensations que vous procurent les objets. Évitez de définir les objets « c'est un papier, un livre, du tissu », restez en contact avec les sensations, « froid, chaud, lisse, rugueux... ».*

◊ *Marchez, enfourchez votre vélo et pédalez, courez. Pendant votre sport favori, prêtez attention aux sensations dans tout votre corps. Tournez votre regard vers l'intérieur et soyez attentif aux sensations procurées par les mouvements.*

◊ *Pour affiner la perception de vos sensations, exercez-vous. Installez-vous confortablement, débranchez le téléphone ou mettez votre répondeur, vous êtes à l'écoute de l'intérieur de vous, l'extérieur peut attendre un peu. Les yeux ouverts ou fermés selon ce qui vous est le plus confortable pour visualiser, évoquez mentalement les situations suivantes :*
(Soyez attentif à ne pas vous voir comme si vous étiez à l'extérieur de vous-même. Dans toutes les situations qui suivent, voyez par vos yeux, vous êtes à l'intérieur de votre corps.)

— *Vous êtes sous la douche :*
Dirigez vos yeux vers le haut à gauche. Voyez la baignoire, la couleur du rideau, le temps qu'il fait par la fenêtre, le robinet, le pommeau de douche, l'eau qui ruisselle sur vos bras, sur vos jambes... Dirigez vos yeux à l'horizontale sur le côté gauche... Écoutez le bruit de l'eau, du savon qui tombe, de la radio peut-être ou de votre voix... Humez le parfum de votre savon, l'odeur de la vapeur... Dirigez vos yeux vers le bas et à droite... Sentez

sur votre peau l'impact des gouttes d'eau, sentez le contact de la baignoire sous vos pieds, l'eau qui dégouline dans vos mains, sur votre visage, sur votre corps.

— Un moment de détente sur la plage ensoleillée :
Dirigez vos yeux vers le haut à gauche. Voyez le sable, la mer, le ciel, regardez tout ce qui vous entoure à gauche, à droite, derrière vous, voyez la couleur de votre serviette, votre sac... Dirigez vos yeux à l'horizontale sur le côté gauche... Écoutez les bruits de la nature, les vagues, les oiseaux, les enfants qui jouent peut-être... Humez l'air marin, l'odeur de votre crème solaire... Dirigez vos yeux vers le bas et à droite... Et sentez la caresse du soleil sur votre peau, le contact de votre serviette, prenez du sable dans la main, est-il fin ? Caressez un galet. Sentez votre corps allongé qui se détend, qui s'abandonne au soleil.

6

Comment savez-vous que vous êtes triste ou en colère ?

Ce corps auquel vous prêtez si peu attention d'ordinaire vous oblige parfois à l'écouter : battements cardiaques, contraction des intestins. Avant même que vous ne sachiez exactement pourquoi, l'émotion est là.

L'amygdale[1], un des noyaux de votre cerveau, a déjà déclenché l'alarme dans l'organisme sans attendre l'avis des sphères supérieures du néocortex. Informé toutefois immédiatement, le cortex analyse rapidement les données et, selon, vient soutenir, renforcer ou tempérer l'ardeur de l'amygdale. **L'émotion est une réaction physiologique d'adaptation.**

Le cortex reçoit sans cesse des informations de toutes les parties du corps. Par vos cinq sens, il perçoit l'extérieur. Par la proprioception et l'intéroception, il identifie tout ce qui se passe dans les muscles, les articulations, les viscères... Il se tient au courant en permanence de l'état du corps et réagit en conséquence.

Nous savons que nous avons peur parce que notre cortex reçoit des informations sur les hormones et peptides sécrétées par les glandes endocrines (sur invitation de l'amygdale), ainsi que sur toute modification physique dans l'organisme.

---

1. Si l'homonymie peut être trompeuse, cette amygdale située au centre du cerveau n'a rien à voir avec les amygdales que vous avez au fond de la gorge !

Battements du cœur, baisse de la température de la peau, poils dressés, pupille resserrée... = J'ai peur, il y a danger.
La perception des émotions se fait par l'interprétation au niveau cérébral de modifications biochimiques et physiques.

◊ Êtes-vous triste ou en colère ? Votre corps vous le dit, écoutez-le... Évoquez quelques situations récentes, prêtez attention aux subtiles modifications dans votre organisme. Évoquez...
— un moment de colère (injustice, frustration...) :
Dirigez vos yeux vers le haut à gauche. Revoyez la scène par vos yeux (et non pas comme si vous étiez extérieur). Voyez les personnes présentes, la pièce, la luminosité, la couleur des murs si vous êtes en intérieur ou de la végétation si vous êtes en extérieur. Voyez le visage de celui qui suscite votre colère... Dirigez vos yeux à l'horizontale sur le côté gauche... Entendez sa voix, votre voix, d'autres bruits autour de vous peut-être... Dirigez vos yeux vers le bas et à droite... Sentez votre corps, votre posture... Sentez le rythme de votre respiration, les battements de votre cœur, la chaleur dans vos veines, soyez attentif à vos sensations internes... Sentez votre colère.
Notez vos sensations :

— un moment de joie (succès, retrouvailles, cadeau...) :
Dirigez vos yeux vers le haut à gauche. Revoyez la scène, toujours par vos yeux. Voyez les personnes présentes, la pièce, la luminosité, la couleur des murs si vous êtes en intérieur ou de la végétation si vous êtes en extérieur... Dirigez vos yeux à l'horizontale sur le côté gauche... Écoutez les sons, la voix de la ou des personnes présentes, votre propre voix... En dirigeant vos yeux vers le bas, à gauche, dites-vous : « Je suis heureux. » Dirigez vos yeux vers le bas et à droite... Sentez votre corps, votre posture... Sentez le rythme de votre respiration, les battements de votre cœur, la chaleur dans vos veines, soyez attentif à vos sensations internes... Sentez la joie en vous.
Notez vos sensations :

— un moment de peur (danger...) :
Dirigez vos yeux vers le haut à gauche. Revoyez la scène...
Dirigez vos yeux à l'horizontale sur le côté gauche... Écoutez...
Dirigez vos yeux vers le bas et à droite... Sentez votre corps, votre posture... vos sensations internes... Sentez la peur en vous.
Notez vos sensations :

— un moment d'amour (rencontre, tête-à-tête...) :
Dirigez vos yeux vers le haut à gauche. Revoyez... Dirigez vos yeux à l'horizontale sur le côté gauche... Écoutez... Dirigez vos yeux vers le bas et à droite... Sentez votre corps, votre posture... Sentez le rythme de votre respiration, les battements de votre cœur, la chaleur dans vos veines, soyez attentif à vos sensations internes... Sentez l'amour en vous.
Notez vos sensations :

— un moment de tristesse :
Dirigez vos yeux vers le haut à gauche. Revoyez... Dirigez vos yeux à l'horizontale sur le côté gauche... Écoutez... Dirigez vos yeux vers le bas et à droite... Éprouvez vos sensations internes... Ressentez la tristesse en vous.
Notez vos sensations :

— un moment de dégoût :
Dirigez vos yeux vers le haut à gauche. Revoyez... Dirigez vos yeux à l'horizontale sur le côté gauche... Écoutez... Dirigez vos yeux vers le bas et à droite... Éprouvez vos sensations internes... Ressentez le dégoût en vous.
Notez vos sensations :

Vous pourrez constater l'acuité de vos perceptions en découvrant le tableau page 50.

Peu de comédiens réussissent vraiment à simuler les émotions, tant elles sont des réactions physiologiques indépendantes du contrôle de la volonté. Un sourire implique quatre-vingts muscles. Un auteur a répertorié dix-huit sourires différents. Mais parmi ces derniers, un seul exprime la joie authentique. L'expression de cette émotion implique la contraction simultanée de deux groupes de muscles, le grand zygomatique et l'orbiculaire palpébral inférieur. Si vous pouvez commander au premier, vous ne le pouvez au second. Un sourire de politesse ne mobilise que le grand zygomatique ! Le travail d'acteur nécessite l'implication de ses propres affects. On ne peut simuler sans éprouver, sans faire appel à son vécu personnel.

Les émotions sont universelles. Tous les humains ont la même physiologie. Partout dans le monde, ce sont les mêmes contractions musculaires qui expriment la peur ou la surprise, la colère ou la joie. Sur cette base universelle et innée, les conventions culturelles, les interdits et les rites des civilisations, nos histoires personnelles et familiales ont « éduqué » nos manifestations émotionnelles.

Si chaque émotion n'est ni réprimée, ni déplacée, ni distordue d'une manière ou d'une autre, les sensations qui lui sont associées sont semblables pour tous les humains.

\	**Les sensations associées aux émotions**
PEUR	Accélération cardiaque, baisse de la température de la peau, sensation de froid, poils qui se dressent, chair de poule, bouche sèche, estomac serré, mains moites. Sang dans les muscles des jambes, le visage pâlit.
COLÈRE	Forte accélération cardiaque. Importante augmentation de la température de la peau. Sensation de chaleur, le sang afflue dans les mains. La mâchoire inférieure avance. Tension dans la mâchoire. Sourcils froncés. Expir plus long que l'inspir. Poings serrés. Envie de frapper.
AMOUR	Chaleur dans la poitrine pouvant aller jusqu'à la brûlure. Ralentissement du rythme cardiaque. Détente dans tout le corps. Mains chaudes, rosissement du visage.
JOIE	Le cœur bat fort mais la fréquence cardiaque ralentit. Respiration ample. Chaleur dans la poitrine.
TRISTESSE	Accélération cardiaque moindre que dans la colère. Très faible augmentation de la température de la peau. Baisse du tonus. Serrement au niveau de la poitrine, entre les seins. Crispation des membres. Pleurs.
DÉGOÛT	Lèvre supérieure retroussée sur les côtés, le nez se plisse, nausée, sensation désagréable au niveau du diaphragme. Envie de vomir. Ralentissement cardiaque. Diminution notable de la température de la peau.

7

La fonction et l'expression des émotions

Y a-t-il des émotions de base ? Tous ne s'accordent pas sur ce point. La liste des émotions est très variable selon les auteurs. La mienne, en l'état actuel de mes recherches, en comporte six : Peur, colère, tristesse, joie, amour, dégoût. La plupart des neurophysiologistes ajoutent la surprise. Un bruit soudain, un éclair de lumière... le cerveau se réveille, écoute, tous sens dehors... prêt à déclencher le plan ORSEC si un danger se confirme... la surprise a souvent partie liée avec la peur ! Pour ma part, je l'y associe.

Certains refusent à l'amour le statut d'émotion. Il est vrai que beaucoup de gens n'ont jamais ressenti l'émotion d'amour. Pour l'éprouver, il est nécessaire d'avoir un diaphragme relativement libre, d'être dégagé des tensions liées aux rages, aux terreurs et aux souffrances d'enfance réprimées.

La passion amoureuse peut nous emporter sur sa vague, elle opère comme un raz-de-marée émotionnel. La violence de l'éruption du volcan passe les barrages du diaphragme, le désir sexuel est exacerbé, on découvre des émotions dont on ne se serait pas cru capable... L'amour/passion réveille les impuissances, les frustrations, les détresses et les souffrances de l'enfance... et nous éloigne d'autant de l'amour ! La lave brûlante a tendance à détruire ce qui se trouve sur son passage. Elle efface le passé et ouvre un nouvel espace. Ne jetons pas la pierre à la passion, elle permet au magma de sortir des profondeurs, et la lave une fois refroidie (les blessures d'enfance guéries) constitue un terreau fertile pour une nouvelle relation.

L'amour est biologique. L'attachement du tout-petit à sa maman est biologiquement programmé. Un tout-petit séparé de sa mère et qui n'a pas la possibilité d'investir une autre personne, de s'attacher à un être, va se replier, se désorganiser et peut se laisser mourir. L'attachement de la mère à son enfant assure la survie de ce dernier. Mais pour biologique qu'il soit, l'amour peut être inhibé par des souffrances passées non guéries.

L'émotion d'amour et ses sensations délicieuses sont éprouvées par ceux qui ont reçu suffisamment d'amour dans leur enfance, à qui il n'a pas été interdit de ressentir leurs émotions, par ceux qui ont dénoué leurs nœuds émotionnels grâce notamment à un travail psychothérapeutique.

Le sentiment de dégoût est connu de tous. L'émotion de dégoût existe aussi. On la rencontre dans des situations extrêmes, et elle est une étape incontournable de la psychothérapie des personnes ayant vécu l'horreur dans leur enfance, comme l'inceste, le viol, la torture.

Chaque émotion ayant sa fonction dans l'organisme, elle se caractérise par une tension spécifique du corps, par une décharge spécifique. Cet aspect de l'émotion me mène à distinguer la rage de la colère. La rage se place certes sur le registre de la colère. Sa décharge est cependant bien différente. De la même manière, la terreur n'est pas totalement assimilable à la peur... et l'intense douleur de l'arrachement dans une séparation est au-delà de la tristesse.

Analysons chaque émotion, sa place, son intention, et son expression :

LA PEUR

Face au danger, la peur mobilise l'organisme. Tous sens exacerbés et tournés vers l'extérieur... l'attention est au maximum. Le corps est prêt à réagir très vite. Avant même que nous n'ayons véritablement conscience de ce qui se passe, notre système émotionnel a déjà enregistré la présence d'un danger et prépare le corps en conséquence. La peur décuple nos forces physiques et psychiques. Ultra alerte, attentif et présent à nous-mêmes... nous serons prêts à affronter le danger ou à fuir loin.

La décharge de la peur après la période de tension qui a permis de faire face au danger est tout d'abord un tremblement dans tout le corps, puis un long cri plutôt aigu partant du bassin, la tête en arrière, le dos de préférence soutenu, les mains agrippées ou plaquées contre un mur (à hauteur du bassin).

L'inconnu suscite aussi de la peur. L'objectif de cette peur est de vous pousser à vous informer, à réfléchir, à anticiper... à vous préparer. Elle se résout dans cette activité même.

◊ *Vous autorisez-vous à sentir la peur ? Citez trois peurs récentes.*
Y avait-il une réalité de danger ? d'inconnu ?
Si ces peurs étaient fonctionnelles et appropriées, pouvez-vous voir comment elles vous ont aidé à faire face à votre réalité ?

La terreur

La terreur est au-delà de la peur. Fuite, inhibition ou agression sont impossibles, rien ne nous soustraira à l'horreur. Quand il n'y a pas d'échappatoire, la terreur envahit le corps. Terreur du bébé quand personne ne vient malgré ses cris, terreur de l'enfant devant sa mère qui le frappe, terreur de l'enfant enfermé dans une pièce noire, terreur de l'enfant quand son papa se glisse dans son lit pour le violer... Dans les pays en guerre, terreur de l'adulte plongé dans l'horreur et face à l'imminence de sa mort.

Les terreurs non exprimées laissent des traces. Elles nous hantent, limitent nos capacités, freinent notre élan de vie. Elles ont besoin d'être retraversées et ex-primées pour perdre leur pouvoir. Le travail psychothérapeutique permet de retrouver des terreurs d'enfance. Allongé sur un matelas, parfois tenu par le psychothérapeute, vous poussez un long hurlement qui prend racine dans le bas du ventre, pour mettre dehors l'horreur, pour mettre dehors la terreur. Après le cri, le ventre redevient souple, l'hyper-réactivité émotionnelle tombe, ouvrant sur une nouvelle liberté.

LA COLÈRE

La colère est une émotion de réparation face à la frustration et à la blessure. Elle restaure l'intégrité de l'organisme face au manque. Elle rétablit l'équilibre d'une relation en cas d'injustice ou d'offense. Elle est au service du sentiment d'intégrité et de l'harmonie entre les hommes.

J'aime ce dessin pour mieux comprendre le processus de la colère. Voyez deux personnes face à face, bien rondes, intègres.

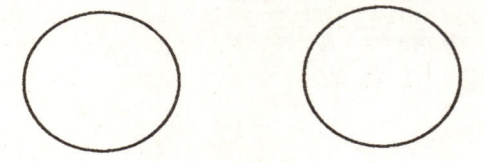

L'une envahit l'autre, la frustre, la blesse d'une manière ou d'une autre.

La colère, c'est l'effort de l'organisme, qui part du centre de soi pour réparer la carrosserie. L'autre nous a fait un trou. Nous repoussons cette bosse concave, nous appliquons une force suffisante pour rétablir notre intégrité, redevenir bien rond. Nous nous occupons de notre trou, de notre manque, de notre frustration, de nos besoins, pas de l'autre !

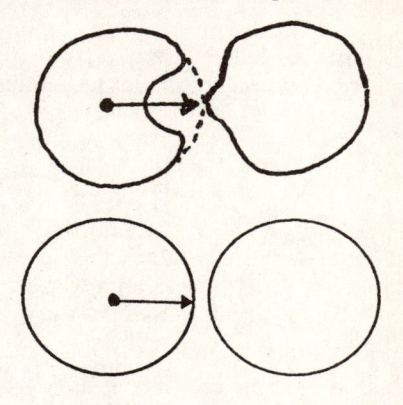

La colère saine dit un besoin et demande réparation.

Au contraire de la colère, la violence ne répare pas :

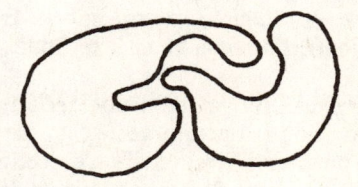

Une personne qui n'ose pas dire sa colère, dire sa blessure, énoncer ses besoins ressemble rapidement à cela :

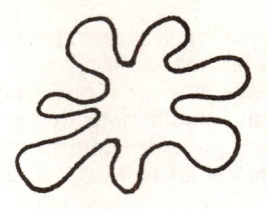

Elle attire dans ses failles les agresseurs qui passent, ce qui lui donne l'impression d'accumuler les ennuis.

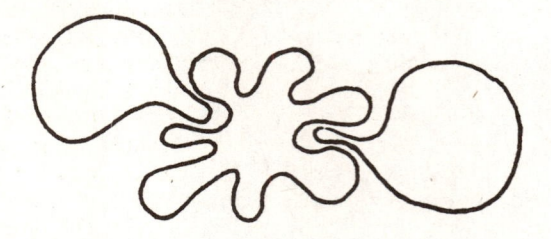

◊ *Dans quel style de forme vous reconnaissez-vous ?*

◊ *Décrivez vos trois dernières colères. Avez-vous exprimé vos besoins ou avez-vous été tenté d'accuser ? Vos colères ont-elles porté leurs fruits de réparation et d'harmonisation ?*

Une colère « ordinaire » alerte sur la frustration d'un besoin, et se libère simplement en exprimant à la personne ses besoins.

Une colère plus forte demande une décharge physique. La colère donne envie de frapper. Le geste est utile pour retrouver sa sensation de puissance personnelle. L'objectif de l'expression physique est... la décharge de vos tensions. Inutile de frapper la personne qui a déclenché votre ire, préférez un coussin !

Mâchoire inférieure en avant, sourcils froncés, la colère s'enracine dans le sacrum, dans les cuisses, jusque dans les pieds. Le cri résonne plutôt dans les graves et vient du ventre.

Le corps est droit, solidement planté, et fait face, yeux ouverts sur « l'adversaire » (le coussin).

Fouillez votre cave à la recherche d'un tréteau. Attachez votre coussin dessus. Munissez-vous d'une raquette de tennis qui ne craint plus rien, ou d'une serviette de toilette que vous roulerez très serré en boudin de manière à en faire un gourdin. Debout devant votre coussin, en le regardant droit dans les yeux, frappez de toutes vos forces à l'aide de la raquette ou du gourdin que vous tenez fermement par les deux mains (pour ouvrir votre poitrine et vous aider à respirer). Évitez de taper sans crier, vous risqueriez de vous coincer le cou, les épaules, ou de vous créer un mal de tête. Osez sortir votre voix. N'hésitez pas à dire des insanités. Personne n'est là pour écouter. C'est le seul moment où les insultes peuvent avoir du bon. Les libérer sur un coussin vous évitera de les déverser sur la personne.

Si vous ne trouvez ni tréteau ni alternative pour maintenir le coussin à hauteur, installez-vous à genoux sur un matelas. Attention, pas à genoux versant soumission. Debout sur vos genoux, tout votre corps descend à chaque coup porté au coussin. C'est tout le corps qui frappe et exprime sa puissance, pas seulement les bras.

Couper du bois, taper dans la balle au tennis, lancer des balles contre des boîtes de conserve, déchirer des magazines ou une effigie que vous aurez dessinée, donner des coups de pied dans un ballon, des coups de poing à un punching-ball, sont aussi des actions possibles pour décharger vos colères. N'oubliez pas les « Han ! han ! » accompagnant vos efforts.

En réalité vous n'aurez pas toujours besoin de frapper et crier. C'est la capacité d'exprimer qui est importante. Dès lors que cette dernière est restaurée, les colères à taper deviennent exceptionnelles. C'est le paradoxe de l'expression saine des émotions, il y en a de moins en moins à exprimer ! Les émotions d'aujourd'hui ne rebondissent plus sur des complexes du passé, ne font plus de nœuds inextricables, elles sont vécues librement, rien ne faisant obstacle à leur expression, elles passent rapidement.

◊ *Choisissez un coussin... un gourdin... Pensez à une personne ou une situation devant laquelle vous vous sentez très en colère. Placez mentalement la personne en face de vous sur le coussin, et allez-y.*

La rage

La décharge spontanée et naturelle de la rage est très différente de celle de la colère. La colère s'exprime debout ou à genoux, le dos droit. Elle fait face. La rage se vit volontiers allongé. Quand le tremblement de rage emporte le corps dans la décharge, pieds et poings frappent tout autour, la tête dit non et se tourne d'un côté et de l'autre. Les tout-petits se cognent la tête contre les murs et contre le sol. Debout, ou à genoux, la rage nous fait trembler et trépigner. Les coups imprimés aux coussins par pieds ou poings sont petits et rapides, par opposition aux coups plus lents et puissants de la colère. Les cris sont de désespoir et d'impuissance et donc très différents de la puissance de la colère. **La libération de la rage permet de se réparer face à l'impuissance.**

La rage est fréquente chez les enfants tout petits. Ils se trouvent si souvent en situation d'impuissance. Martin trépigne parce qu'il n'arrive pas à découper comme il l'espérait. Héloïse se roule par terre parce qu'elle n'arrive pas à lacer ses chaussures. Ils sont confrontés à un monde qui ne se plie pas volontiers à leurs désirs. Jeanne hurle, ses parents ne comprennent rien. Elle ne possède pas les mots pour dire qu'elle voudrait que le bibelot qu'ils viennent de toucher soit remis à sa place.

Les occasions de rage diminuent notablement chez les adultes. Mais pour accéder à l'amour ou aux colères d'adultes, nous avons besoin de nous libérer des rages enfantines refoulées, de nous détacher de ces engrammes[1] d'impuissance laissés par des expériences traumatisantes de notre enfance.

---

1. Trace laissée dans le psychisme.

*◊ Même si vous ne sentez pas de rage en vous en ce moment, vous pouvez faire l'expérience de cette décharge : Allongez-vous sur un matelas suffisamment épais pour amortir vos coups. Levez vos genoux et posez la plante de vos pieds sur le matelas. Commencez par marcher ainsi allongé. Puis courez sur ce matelas en donnant des coups avec vos talons. Laissez vos bras suivre le mouvement. Alternativement, les bras se lèvent et les poings fermés frappent de chaque côté du corps. La tête s'en mêle, elle tourne d'un côté, puis de l'autre. Inspirez d'un côté, expirez de l'autre. Laissez-vous envahir par le mouvement, courez ainsi de toutes vos forces en criant.
Sentez le bien-être et la disponibilité de votre corps après cet exercice.*

LA TRISTESSE

La tristesse est l'émotion déclenchée par la perte, toute perte, d'un être cher, d'un espoir, d'un lieu, d'un organe, de sa santé, d'un objet... **Elle effectue un travail d'intégration et de réparation qui permet l'acceptation de la réalité.**

Lors d'une séparation, d'un décès, de toute perte, après le choc, le déni, la révolte, la négociation, l'inacceptable est à accepter... L'émotion de tristesse va accomplir ce travail.

Quelqu'un ou quelque chose qui faisait partie de nous s'est envolé. Ce départ crée un vide. J'aime utiliser la métaphore d'un tissu. Pour faire le deuil d'un être cher, nous regardons en nous le tissu de notre relation, le tissu de nos souvenirs. Le sentiment de nostalgie accompagne cette plongée dans le passé et réveille des images... qui suscitent des larmes. Chaque trou occasionné par la perte doit être raccommodé. Nous devons ourler les contours, repriser les accrocs, arrêter les fils pour que tout le tissu ne se défasse pas.

Comme nous évoquons l'une après l'autre des images du passé, l'émotion de tristesse nous étreint, la poitrine se serre... Les sanglots libèrent cette tension. Chaque image a besoin d'être pleurée pour que le trou soit refermé. Une fois tout le tissu recousu, l'autre est parti, mais il fait à jamais partie de nous. Nous avons intégré tout ce qu'il nous a apporté.

◊ *Vous autorisez-vous la tristesse ? Osez-vous pleurer devant autrui ?*

La douleur [1]

La douleur s'inscrit dans le registre de la tristesse, elle accompagne la séparation. Un proche est mort, il nous est comme arraché. Son départ déchire quelque chose en nous. Il est parti. Il ne sera plus jamais là. La poitrine brûle. La blessure est à hurler ! Pleurer ne suffit pas à libérer cette tristesse au-delà de la tristesse. La décharge de la douleur commence dans un gémissement et s'épanouit dans un long hurlement, la tête en arrière, les mains crispées.

L'émotion de douleur est une réparation de l'organisme après la déchirure. Le hurlement nous aide à nous séparer, à laisser l'autre partir et à lâcher la souffrance.

◊ *Vous avez vécu des pertes, des décès, des séparations... Vous êtes-vous autorisé à exprimer votre douleur ?*

LE DÉGOÛT

Le dégoût est une réaction de rejet de ce qui est nocif ou nous salit. Le dégoût me semble intimement lié au viol et au fracas de l'abus. Viol du corps, de l'intimité, de l'intégrité d'une personne, et/ou de ses valeurs. Dégoût de la jeune fille envers le sperme du violeur qui a inondé son ventre. Dégoût de l'enfant devant sa mère qui ne sait pas s'affirmer face à des situations inacceptables. Dégoût du petit garçon pour le sexe du surveillant d'internat qu'il a été obligé de caresser. Dégoût de

---

1. Il ne s'agit pas ici de la sensation de douleur, mais de l'émotion de douleur.

l'adulte témoin de tortures infligées à autrui. Dégoût devant la violence et la perversion. Devant un corps déchiqueté par une machine, vous êtes effaré. Si c'est un acte criminel, cela devient du dégoût. La cruauté de l'humain suscite du dégoût.

On peut aussi éprouver du dégoût pour le comportement non éthique ou dégradant d'une personne.

Sabine est bouleversée par ce qu'elle vient d'apprendre. L'harmonie conjugale entre ses parents n'était que façade. Le couple se fissurant, paraît la vérité. Le père de Sabine a trompé sa femme depuis le début de leur relation. Sa mère l'a su très vite. Pourquoi est-elle restée ? Pour ne pas perdre son niveau de vie ! Sabine, diaphragme bloqué, a mal au ventre. Elle ressent un grand dégoût. Le mensonge la révulse. Sa mère... Une femme qui a préféré l'argent à la dignité !

En séance de psychothérapie, Sabine exprime son dégoût. L'émotion déchargée, elle est surprise de ne plus avoir de ressentiment envers sa mère. Avant de cracher son dégoût, elle la rejetait. Elle la jugeait. Après ? Elle peut regarder la réalité avec calme. Tout jugement a disparu.

Si l'émotion n'avait pas été exprimée, Sabine se serait probablement enfermée dans une attitude de rejet à l'égard de sa mère. Ou encore elle se serait — inconsciemment — mise en position de répéter ce schéma dans sa propre vie.

Le dégoût se perçoit par une sensation désagréable au niveau du plexus. Il se décharge dans un haut-le-cœur, voire un vomissement, menton vers la poitrine, sons rauques, plutôt graves. Comme tous les réflexes du diaphragme (le bâillement, le rire), le vomissement est extrêmement contagieux.

Tous les vomissements ne sont pas du dégoût. Le diaphragme est sollicité par toutes les émotions. Il peut arriver que l'on vomisse de peur, de colère, de tristesse... C'est alors une réaction parasite, expression de la lutte contre l'émergence de l'émotion véritable.

L'enfant qui vomit dans la cour lors de la rentrée des classes lutte contre la peur. Le vomissement est une tentative de décharge de la tension accumulée par l'angoisse.

Le dégoût/sentiment parasite peut être le déguisement

d'une colère : le poisson m'a longtemps dégoûtée au point de le vomir. Tout cela parce que mon grand-père avait voulu m'obliger à en manger. En réalité, je vomissais l'autorité de mon grand-père et son désir de me soumettre, pas le poisson ! Ma réaction envers le poisson était un déplacement de ma colère (inexprimable !) contre mon grand-père, et non une réelle émotion de dégoût.

L'émotion de dégoût, réaction physiologique de l'organisme, est universelle. Le sentiment de dégoût pour certains aliments par exemple est hautement culturel. Le psychisme joue un rôle important dans l'organisation de ce qui nous dégoûte ou non. Nous conférons une signification à l'objet, qui sort alors de la catégorie « aliment ». Le haut-le-cœur indique : « Je ne peux manger ce qui n'est pas un aliment. »

Nombre de gens éprouvent du dégoût à l'idée d'ingérer de la viande de cheval. C'est un si bel animal, intelligent, ami de l'homme... Votre enfant sera tout à fait dégoûté d'apprendre que c'est son lapin chéri qui nage dans la sauce brune. Nous-mêmes frémissons à l'idée de manger du chien, chair appréciée par les Chinois. Escargots et cuisses de grenouilles répugnent à de nombreux peuples. Les Français en raffolent. Nous grimaçons d'horreur face à une sauterelle... que les Africains dégustent avec délice.

Il semble que nous ressentions tous (à quelques exceptions près dans l'histoire humaine) un net dégoût pour la viande humaine. Précaution de la nature pour nous éviter de nous entre-tuer ?

Le dégoût nous invite à rejeter ce que nous ne voulons accepter en nous, ce qui ne nous appartient pas.

◊ *Identifiez trois sources récentes de dégoût. Pouvez-vous identifier les causes de ces émotions ?*

LA JOIE

Événement heureux, naissance, rencontre, succès... La joie accompagne un moment de partage et de **communion** ou une **réussite**, un sentiment de profonde adéquation entre sa vie et ses valeurs. Joie physique dans le sport ou la danse, joie plus psychologique lors d'une victoire à un jeu de stratégie informatique, d'un succès professionnel, ou de la réussite à un examen. Elle couronne des efforts. Elle est liée au plaisir de recevoir ou de donner, de partager, et aux sentiments de **réalisation de soi, d'adéquation et d'appartenance.**

Joie d'offrir, joie de recevoir, l'émotion est dans la relation bien plus que dans l'objet. Bien sûr nous éprouvons de la joie à recevoir des cadeaux, à posséder de belles choses, en fait le mot plaisir serait ici plus à sa place.

Retrouvailles avec un être cher, partage, jeux, béatitude devant un coucher de soleil, fusion avec la nature, extase religieuse... La joie naît du sentiment d'être relié. Que ce soit à un ami, à la nature, à l'univers, à Dieu. La joie survient quand on se sent exister et en communion.

Il existe aussi une joie intérieure qui n'a besoin de rien pour se manifester. Elle surgit des profondeurs de l'être. Elle est jubilation de se sentir exister tout simplement... Celle-là naît du contact profond et intime avec soi-même.

La joie est expansive et gagne à être partagée. La joie se crie « Whaow ! Hourra ! » Elle est exultation. Elle se décharge aussi en rires, sauts, danses et étreintes. On peut pleurer de joie, l'émotion est alors accompagnée d'une sensation profonde d'expansion intérieure.

◊ *Évoquez un souvenir de joie lié à :*
— *un succès...*
— *un cadeau reçu...*
— *un sentiment de communion avec une personne...*
— *un sentiment de communion esthétique avec la nature, d'extase...*
— *une communion religieuse ou spirituelle...*
— *la pure joie de vivre, tout simplement...*

◊ *Évoquez votre dernière joie :*
Vous êtes-vous permis de pleurer, crier, danser, sauter, tourner en rond, sauter au cou de vos amis ?

L'AMOUR

L'amour/émotion, différent de l'amour/sentiment, est cette sensation dans le cœur, ou au niveau du sternum, de chaleur, voire de brûlure parfois, de picotements. Le sang afflue vers les joues. Des larmes peuvent perler au coin des yeux. Une douce chaleur envahit tout le corps. On se sent « comme dans du coton ». L'émotion d'amour se déguste. Elle se décharge en douceur quand on la laisse vibrer dans tout le corps.

◊ *Vous autorisez-vous à vibrer d'amour ?*

◊ *Ce soir, plongez vos yeux dans ceux de votre partenaire. Respirez profondément dans votre bassin. Prononcez ces mots magiques : « Je t'aime » sans la/le quitter des yeux. Laissez l'émotion descendre dans tout votre corps. Quand la vibration monte, écoutez-la en vous, ressentez-la.*

Toutes les émotions gagnent à être exprimées en présence d'autrui. Ce dernier sert de témoin et de « contenant ». Nous pouvons utiliser la métaphore d'un liquide versé d'une bouteille dans une coupe. Celui qui s'exprime est la bouteille, il verse ses émotions dans la coupe formée par l'empathie, voire l'amour de l'écoutant. Ce dernier accueille les affects sans les juger, sans les boire non plus. Voir ses émotions dans cette coupe permet au premier de les considérer sous un nouveau jour. La présence acceptante de l'autre aide à se rassembler après l'expression de l'affect.

On peut avoir tendance à baisser les yeux en exprimant une émotion inconfortable, voire à les fermer, comme si nous avions peur de montrer notre ressenti, peur du jugement de l'autre. Cette peur, ce grain de culpabilité, empêche l'émotion d'être complètement libérée. Vous pouvez hurler, frapper votre coussin, taper des pieds, peurs et colères resteront derrière les paupières. Pour se dégager de la peur, de la colère, du dégoût ou de la tristesse, il est important de conserver les yeux ouverts et de projeter l'émotion hors de soi dans le regard. Conservez aussi les yeux ouverts pour manifester amour, désir et joie, vous les communiquerez d'autant mieux.

Le tableau suivant clarifie les causes « naturelles » de chaque émotion. Vous pourrez vous y référer quand vous aurez un doute sur la pertinence de votre émotion.

La peur est utile et saine devant un danger, ou face à l'inconnu, pas devant l'injustice ou la frustration.

La colère est appropriée en cas de frustration, d'injustice ou de blessure... Elle ne l'est pas face à un danger.

La tristesse est saine lorsque vous vivez une perte, et non lorsque vous êtes confronté à une injustice.

Émotions	Causes
PEUR	DANGER INCONNU
Terreur	Danger imparable
COLÈRE	FRUSTRATION INJUSTICE BLESSURE
Rage	Impuissance
TRISTESSE	PERTE
Douleur	Séparation
AMOUR	LIEN
DÉGOÛT	NOCIVITÉ VIOL
JOIE	RÉUSSITE RENCONTRE

8

Ces images qui nous dirigent

Souvenez-vous du dernier pot-au-feu ou de la dernière pièce montée que vous avez mangé... Instantanément, votre cerveau vous présente des images. Vous savez si vous étiez assis ou debout, qui était avec vous, ce que vous ressentiez pour ces personnes, ce qui se disait, ce que vous aviez mangé avant, la couleur de la table et peut-être la forme des fourchettes.

Tentez de vous rappeler le goût du pot-au-feu ou des choux caramélisés de la pièce montée sans en évoquer ni la forme ni la couleur, sans vous aider d'aucun contexte... N'est-ce pas difficile ?

Une sensation n'est jamais isolée. Elle est associée à l'état global du corps et à la totalité des perceptions de cet instant. Toutes ces images visuelles, auditives, olfactives, kinesthésiques, somesthésiques dessinent notre carte personnelle du monde, forgent notre conscience d'être et notre sentiment d'identité.

Une image déclenche une cascade d'associations d'idées — d'autres images sensorielles — qui peuvent rester inconscientes et provoquer une émotion sans que l'on n'en identifie la raison.

« Je ne sais pas pourquoi ce type ne me plaît pas. » D'association en association, le cerveau de Virginie a rapproché certains détails des mimiques de l'homme, des images d'une personnne qui l'a blessée dans le passé.

◊ Évoquez une émotion récente. Remettez-vous mentalement dans la situation. Que vous êtes-vous dit à ce moment-là ? Quelle image intérieure s'est présentée à vous ?
Laissez-vous ressentir à nouveau les sensations vécues, suivez le fil de l'émotion et associez librement : écrivez tout ce qui vous vient, sans jugement.

◊ Observez le cheminement de vos images mentales. Asseyez-vous tranquillement devant un mur blanc à un mètre de vous. Ou, si vous êtes assis par terre, posez votre regard au sol à environ un mètre de vous. Tenez-vous bien droit pour permettre une respiration profonde jusque dans le bassin. Et laissez vos pensées venir. Regardez-les. Attrapez-les au vol ! Observez comment elles s'enchaînent, comment elles s'entraînent les unes les autres. Observez le processus associatif. Certaines idées peuvent vous paraître sans lien avec les autres. Cherchez la connexion. Identifiez ce qui les a suscitées.
Cet exercice demande un peu d'entraînement. En y revenant régulièrement, vous gagnerez en calme intérieur, en maîtrise de vos associations et donc en conscience dans votre vie de tous les jours.

Le corps est le premier instrument de la conscience. L'esprit et le corps sont solidaires. Les représentations mentales qui nous permettent de penser sont construites à partir des perceptions internes et externes de notre corps. Nous pensons par images. Quand je dis image, il ne s'agit pas obligatoirement d'image visuelle, mais d'une représentation interne. **La pensée s'enracine dans le corps.** Les idées les plus abstraites ont un contenu sensoriel. Nos émotions imprègnent subtilement mais inévitablement notre vie mentale. Peut-être gagnerions-nous à en être davantage conscients ? D'autant que notre mémoire peut nous jouer des tours !

En effet, lorsque nous évoquons un souvenir, nous ne

retrouvons pas l'image originellement perçue, mais une reconstruction de cette dernière. Souvenez-vous du visage de votre mère par exemple. Vous pouvez l'évoquer dans l'œil de votre mental, mais ce visage dans votre tête n'est qu'une version reconstruite par vos neurones. Vous ne voyez pas votre maman mais une interprétation. Contrairement à une croyance répandue, on ne conserve pas de photo dans le cerveau.

Les images perçues ne sont pas stockées telles quelles. En revanche, les réseaux de connexions synaptiques conservent les moyens de les reconstituer. Ces reconstructions sont plus ou moins fidèles et peuvent être fortement colorées par notre vécu émotionnel.

Au cours du temps, alors que nous prenons de l'âge, accumulons de l'expérience, les réseaux neuronaux acceptent de nouvelles informations, enrichissent voire remanient la version originale. Tout ce que nous vivons au contact d'une personne ou d'un type de situation va se cumuler et nourrir nos associations mentales.

Nombre de nos sentiments et réactions émotionnelles sont disproportionnés voire déplacés par rapport aux situations objectives que nous rencontrons. Ils sont déclenchés par le train d'associations mentales souvent inconscient qui constitue notre interprétation de la réalité.

Cette interprétation est-elle appropriée ou non ? Elle est probablement logique dans notre histoire, mais peut se montrer tout à fait inadéquate dans la situation actuelle. Sans conscience du décalage entre cette perception/interprétation liée à notre passé, nous sommes prisonniers de réactions émotionnelles excessives ou déplacées. On les nomme sentiments parasites parce qu'ils parasitent des réactions plus adaptées.

II

LES SENTIMENTS PARASITES

Vous avez maintenant une petite idée de comment se construisent nos sentiments parasites. Les chapitres suivants vont les passer en revue. Élastiques, substitutions, projections, collections de timbres, phobies, pommes de terre chaudes et contagion... Attachez vos ceintures.

1

Les réactions « élastiques »

Une émotion élastique est une émotion du passé projetée sur le présent. Réaction émotionnelle hors de proportion avec l'apparent déclencheur, elle est en fait une réactivation du refoulé. Quand une personne n'a pas su ou pas pu exprimer une émotion, cet affect réprimé cherche une issue. Toute situation, toute personne, qui rappelle de près ou de loin cette émotion ou l'événement qui l'a suscitée, réveille le passé.

Chez le dentiste, j'ai longtemps préféré la douleur à la piqûre d'anesthésie. Ma répulsion envers les piqûres était vraiment intense et disproportionnée. Je décidai donc un beau jour de m'en guérir. Quelles étaient les associations inconscientes qui déclenchaient cette réaction ?

Suivant le fil de l'émotion en moi, je suis remontée dans mes souvenirs à la recherche de piqûres « pour anesthésie » qui auraient pu me traumatiser. À l'âge de six ans, j'avais été opérée des végétations, et cela s'était très mal passé. Voici l'histoire : Je m'étais fait expliquer tout le déroulement de l'opération par le médecin. Je me rappelle encore très bien lui avoir demandé s'il y aurait une piqûre. Probablement pour me rassurer, le docteur me promit qu'il n'y en aurait pas. Le jour venu, je m'installai dans la chambre d'hôpital avec mes parents, enfilai mon pyjama. Quand une infirmière parut et me demanda de baisser mon pantalon... J'osai un « pourquoi ? ».

« Juste une *petite* piqûre pour l'anesthésie », me répondit-elle. Je refusai. Le docteur m'avait promis qu'il n'y en aurait pas, il n'était pas question qu'elle m'inflige son aiguille. Je me débattis tant et si bien qu'elle dut faire appel à du renfort. (Elle choisit hélas cette stratégie plutôt que de déranger le médecin, ce qui aurait certainement résolu le problème. À l'époque on n'avait pas l'habitude de respecter une enfant de six ans.) Je demandai à aller aux toilettes, m'y enfermai, m'enfuis dans les couloirs. Ils durent finalement se mettre à sept infirmiers et infirmières pour me maintenir sur le lit et me piquer la fesse !

Lorsque j'arrivai dans la salle d'opération, je vis enfin le médecin, je lui demandai d'une petite voix vaincue : « Pourquoi tu m'as pas dit qu'il y aurait une piqûre ? » Il a souri, je n'ai pas entendu sa réponse... Il a dû penser que ce n'était pas important. J'ai respiré dans le masque et me suis endormie. Mais de ce jour, j'ai appris à ne plus faire confiance aux médecins, et je me suis méfiée des seringues. Mon inconscient n'a pas mis au ban toutes les aiguilles. J'ai pu, par exemple, donner mon sang sans frémir. Ma phobie était sélective, seules les piqûres « pour anesthésie » me terrorisaient.

Ayant découvert cette relation avec la trahison du passé, je suis allée mentalement à la rencontre de la petite fille que j'étais. (Vous trouverez la description précise de cette technique de guérison intérieure p. 269[1].)

Dans l'espace de mon esprit, j'ai écouté l'Isabelle de six ans et compris ses émotions. Je me suis mise en colère contre le médecin et contre les infirmières. Ouvrant les yeux, j'ai injurié et tapé des coussins les représentant, et je leur ai écrit une lettre pour leur exprimer à quel point leur comportement m'avait atteinte profondément. Je ne pouvais retrouver leur

---

1. Vous trouverez cet exercice enregistré sur la cassette *Trouver son propre chemin*, volume 1, face 1, « La Guérison de l'enfant intérieur ». Pour commander, reportez-vous à la fin de cet ouvrage.

adresse, j'ai donc brûlé la lettre dans ma cheminée pour la leur adresser spirituellement[1].

Ainsi libérée, j'ai pu retourner chez mon dentiste et accepter sereinement l'anesthésie. J'étais dégagée de toute peur. La plupart de nos réactions disproportionnées sont des élastiques.

◊ *Identifiez dans vos réactions d'aujourd'hui une émotion qui vous paraît excessive :*
Remontez dans votre passé, quand avez-vous déjà ressenti cela ? Envers qui ? Trouvez trois situations de la plus récente à la plus ancienne.

1.
2.
3.

◊ *Allez guérir l'enfant, l'adolescent, en vous.*
Et si vous écriviez une lettre à la personne (parent, frère, sœur, tante, professeur, médecin...) qui, la première, vous a blessé ? Dénoncez précisément les comportements qui vous ont blessé. Dites-lui ce que vous attendiez d'elle. Exprimez les besoins qui étaient les vôtres à ce moment-là.

Même si vous portez une part de responsabilité dans ce qui est arrivé, reconnaissez-le, mais osez vous confronter à l'autre, surtout s'il était dans une situation de pouvoir sur vous. Le but de la colère est de rétablir le lien, de réparer votre intégrité.

Quand l'élastique est trop puissant, c'est-à-dire le traumatisme trop violent, ou les émotions trop interdites, il est nécessaire d'avoir recours au soutien d'un psychothérapeute. Pourquoi faire seul quand on peut être accompagné ?

---

1. Quand la personne est vivante, n'hésitez pas. Dire libère les deux parties ! Soyez attentif à ne porter aucun jugement dans votre lettre, seul votre ressenti touchera le cœur de l'autre, pas les accusations.

2

Les sentiments de substitution

Marina ne ressent jamais de colère. Pas même en relatant les injustices subies. Son père, terriblement violent, se mettait dans de tels états que Marina a tendance à assimiler toute manifestation agressive ou même nettement assertive à cette rage démesurée. Pour ne pas ressembler à son père, et aussi parce qu'elle a encore tellement peur de lui, en lieu et place de toutes les colères qu'elle pourrait ressentir, elle montre de la tristesse.

Dans un groupe de psychothérapie, Marina évoque son histoire : Petite fille en détresse affective elle avait du mal à s'intégrer. Un jour, elle prit de l'argent dans le porte-monnaie de ses parents pour acheter des bonbons. Elle voulait les partager. Se faire aimer de ses camarades de classe. Dénoncée par l'épicier, elle a été frappée par son père, et humiliée. Elle a dû écrire et porter dans le dos une pancarte disant à tous « je suis une voleuse ». Ainsi exposée aux moqueries des autres enfants, au mépris de tout le village, et même aux coups supplémentaires d'un enseignant avec l'assentiment général... elle s'est sentie pleine de honte et de peur.

En racontant cet événement pourtant révoltant, elle pleure de tristesse ! Aucune colère dans ses propos ! Marina a appris à substituer la tristesse à la colère.

Un sentiment de substitution est, comme son nom l'indique, un sentiment exprimé à la place d'un autre. Il se reconnaît à ce qu'il est familier !

Vous êtes peureux ? Cela signifie seulement que vous avez l'habitude d'avoir peur. C'est le sentiment par lequel vous remplacez toute autre émotion plus difficile à vivre. Votre peur forme un paravent dissimulant vos peines, vos rages et frustrations.

Vous êtes déprimé ? Posez-vous la question : « Où donc ai-je mis ma colère ? Quelles blessures, injustices, frustrations ai-je subies sans pouvoir réagir de manière appropriée ? Quels sont mes manques ? »

Vous êtes au contraire sans cesse en colère ? Un rien déclenche votre ire ? Vos peurs restent bien cachées, vos tristesses interdites d'espace ?

◊ *Y a-t-il une émotion qui vous est plus familière que les autres ?*

◊ *Y a-t-il une ou plusieurs émotions que vous ne vous autorisez pas ?*
Comment avez-vous appris à réprimer cette émotion ?
Comment vos parents réagissaient-ils quand vous manifestiez de la colère ? de la peine ? de la peur ? de la joie ?
Vous êtes-vous interdit cette émotion pour ne pas risquer de « faire de la peine » à papa ou maman ?
Avez-vous simplement copié vos parents ? Eux-mêmes n'exprimaient pas cette émotion.
Ou encore l'avez-vous exclue de votre répertoire pour justement ne pas ressembler à papa ou maman ?

3

Le mécanisme de projection

« Regarde comme il est triste, il a des larmes dans les yeux », soutient Janine devant la photo d'un enfant manifestement en colère. Janine projette la détresse qui était la sienne quand elle était enfant.

Dans mes stages de « grammaire émotionnelle », j'invite parfois les participants à se répartir par groupes de trois, puis tour à tour à s'insulter. Oui, vous avez bien lu. S'insulter, dans un cadre de non-jugement et d'acceptation d'autrui, pour apprendre à répondre à l'insulte. Tout comme vous à l'instant, dès que je donne la consigne, les participants blêmissent. Il n'est pas simple d'insulter une personne que l'on connaît à peine, et sans raison.

L'objectif de cet exercice est double.

D'une part, il nous entraîne à l'art de la repartie. **Sous chaque jugement, derrière chaque insulte, se dissimule un besoin insatisfait, un sentiment blessé.** Il est important de les décoder pour ne pas prendre les choses pour soi et au premier degré. Comment répondre à une injure sans aggraver la spirale de violence, ni se laisser blesser ?

D'autre part, il va nous permettre de vérifier combien tout ce que nous disons aux autres est l'expression de soi.

Après quelques rires et hésitations, les participants osent :

« Elle est nulle ta chemise, ce jaune est du plus mauvais goût, ça fait cocu ! » lance Géraldine à Daniel. Écoutons ce qu'elle vit. Qu'est-ce qui la préoccupe au quotidien ? Elle a un amant, son mari le sait. Mal à l'aise dans son couple, ayant des difficultés à gérer la colère de son mari, elle-même est habillée tout en noir. L'agression vis-à-vis de Daniel est explicite. Géraldine a cherché une insulte... elle l'a regardé, et n'a vu que son image dans le miroir.

Il est stupéfiant de constater combien nous ne parlons jamais que de nous-mêmes !

« Crapaud à lunettes ! invective Jeanne.

— Tu as un problème avec les lunettes ? » lui répond Justine.

Jeanne reste interdite : « Oui, mes lunettes sont moches, je les cache dans mon sac et évite de les porter. » Décodage : Crapaud à lunettes voulait dire : « Je trouve plutôt jolies tes lunettes, j'éprouve une pointe de jalousie. »

Le mécanisme de projection consiste à attribuer à autrui le sentiment, le problème, que nous refusons de voir en nous. En conséquence, une insulte, un commentaire — étant une projection —, ne parle jamais que de celui qui le formule. Il y a quelque vérité dans le fameux « c'est celui qui le dit qui y est » des enfants. Reste à le formuler adroitement pour ne pas blesser. L'objectif est d'ouvrir la communication.

« Tu es habillée vieux jeu et moche », ose Yolande à Carla. Je propose à Carla de regarder Yolande. Elle est très bien habillée. Une repartie appropriée pourrait être : « Tu aimes les beaux vêtements. » Yolande avoue alors, stupéfaite, ne pas avoir osé mettre le jogging pourtant apporté pour le stage, parce qu'au moment de l'enfiler elle a constaté qu'il était troué !

« Tu es vraiment mal fagotée », dit Touria à Nadja. Touria, elle, est tirée à quatre épingles. L'exacte inverse de Nadja ! Il lui faut toujours être impeccable, elle envie et déteste Nadja de se laisser aller.

« Tu es paresseuse », dit Sophie à Alexandra. J'invite Alexandra à regarder Sophie et à réfléchir à ce qui peut bien motiver chez Sophie et non chez elle ce jugement négatif. Alexandra prend conscience que Sophie a peu pris la parole lors de ce week-end de stage. Elle est restée très en retrait et a peu participé à la dynamique du groupe. C'est la révélation pour Alexandra, Sophie, en la traitant de paresseuse, ne parlait que de sa difficulté à participer !

« Tu es habillée comme un homme, espèce de vieille fille... » dit Julien à Franca. Cette dernière est fine, jolie et vêtue d'un pantalon confortable... Le décodage pourrait être : « Tu es jolie, je me sens attiré par toi et j'aimerais que tes vêtements soient plus séduisants, de manière à ce que j'ose m'approcher de toi. » Et donc la repartie pourrait être : « Tu trouves que je te tiens à distance ? » Julien confirme, c'est exactement ce qu'il ressent et pense. Franca est stupéfaite du décodage. Elle n'aurait jamais pensé que, derrière une telle agression, il pût y avoir du désir, un désir frustré.

Quand on vous insulte, quand on vous juge, pensez à décoder l'émotion de l'autre, et peut-être son besoin. Au lieu de vous sentir blessé, penchez-vous sur sa réalité. Regardez-le. Que dit-il de lui, de ses besoins dans votre relation ?

Reconnaître en soi ce mécanisme de jugement en lieu et place de l'expression honnête de nos émotions et sentiments permet de mieux comprendre autrui.

◊ *Reconnaissez vos propres jugements : vous avez traité (ouvertement ou intérieurement) X de...*
Réfléchissez : qu'est-ce qui a bien pu motiver ce jugement ? quelle émotion ? quel besoin ?

◊ *Vous avez été jugé, ou insulté :*
En y réfléchissant, qu'est-ce qui a bien pu motiver ce jugement, cette insulte ? Centrez-vous sur l'autre et non sur vous ! Décodez ce que la personne a dit d'elle ou de ses besoins dans votre relation.

4

Les collections de timbres

Il est 18 h 30, Martina rentre tranquillement chez elle. Pour une fois elle a pris son temps, Stéphane s'est engagé à être là pour s'occuper des enfants dès 18 heures, heure de départ de la nounou. Comme elle enlève son manteau, elle entend son fils appeler la nounou... Stéphane n'est pas là. Il arrive la bouche en cœur à 19 heures. Martina accuse le coup sans rien dire. Il se plante devant la télévision pendant qu'elle prépare le dîner des enfants. Elle ne dit toujours rien.

Pendant que les petits s'attablent, et entre deux casseroles, elle le prie de sortir le linge de la machine. Il y va... Un peu plus tard, Martina trouve le linge déposé en tas sur le lit ! Elle n'avait pas précisé qu'il s'agissait aussi de le ranger... Martina ne dit toujours rien, elle continue d'encaisser... de compter les points, d'accumuler de l'énergie pour enfin se donner la permission d'exploser.

Dans la salle de bains, quand il repose le tube de dentifrice sans le reboucher, c'en est trop. Martina éclate. Quand le bol d'émotions est plein, une dernière goutte d'eau fait déborder le vase...

On peut collectionner les émotions comme les timbres/preuves d'achat trouvés sur les produits de consommation. Une fois réunis suffisamment de timbres, ou de « points » vous avez droit à un cadeau. En épargnant l'expression des petites blessures, incompréhensions et frustrations, vous thésaurisez pour vous offrir une belle scène. Une collection peut se constituer sur une soirée... ou sur des semaines, des mois, des années. Certains épargnent jusqu'à pouvoir s'offrir un divorce. Il est à noter que certains n'explosent jamais, ils implosent dans la maladie physique ou psychique.

> ◊ *Avez-vous tendance à utiliser ce mode relationnel ? Voyez comment. S'il vous confère un certain pouvoir dans la relation, il l'altère à coup sûr.*
> *Vous avez une importante collection en cours ?*
> *Comment a-t-elle démarré ?*
> *Quel est votre bénéfice à la conserver ?*

Pour ne plus accumuler de rancune, apprenez à exprimer vos mécontentements tout de suite, même pour de toutes petites choses. Mais peut-être faites-vous des collections dans le cadre d'un jeu psychologique, pour confirmer vos croyances, éviter l'intimité et faire progresser votre scénario de vie ? Nous reviendrons sur les bénéfices inconscients de ce mécanisme de la collection de timbres dans le chapitre consacré au couple.

Vous désirez vous libérer d'une collection de timbres[1] qui vous encombre. Vous êtes vraiment prêt à vous en débarrasser ?

Attention, cette technique n'est valable que dans une relation d'adulte à adulte (ou d'enfant à enfant, je peux imaginer un écolier liquider une collection accumulée contre un copain pour reprendre une relation saine avec lui). En fait, en sont exclus les sentiments collectionnés dans l'enfance envers les parents. Les techniques de guérison de l'enfant intérieur, de confrontation des parents, de lettres envoyées ou non, sont

---

1. J'ai enregistré une relaxation guidée sur le thème de la libération du ressentiment. Elle accompagne le livre *Trouver son propre chemin* et est intitulée « Trouver son propre chemin, volume 2 ». Vous pouvez la commander à l'adresse qui figure à la fin de cet ouvrage.

alors plus appropriées parce que la dépendance extrême dans laquelle l'enfant est vis-à-vis de ses parents exclut sa responsabilité. Tandis que dans toute autre relation, nous portons une part de responsabilité dans la relation. Ne serait-ce que par ce que nous n'avons pas su dire, pas su exprimer, pas demandé.

◊ Ramassez des cailloux ou découpez de petits morceaux de papiers. Écrivez chacune de vos blessures en quelques mots sur un caillou ou un papier.
Mettez le tout dans vos poches. Les cailloux sont lourds. Prenez conscience de ce poids, vous aurez plus rapidement envie de vous en libérer. C'est vous qui portez le ressentiment. S'il maintient votre désir de vengeance, il vous freine dans votre présent comme dans votre évolution. Considérez un à un chaque caillou, chaque blessure. Prenez votre part... et décidez. Allez-vous continuer à conserver le caillou dans votre poche ou acceptez-vous de laisser aller ?
◊ Dès que vous vous sentez prêt à pardonner, allez jeter vos cailloux dans une rivière, un lac... Les papiers préféreront la purification par le feu.

Évoquez maintenant une image de la personne... et imaginez-la recevoir ce qu'elle désire vraiment. Pouvez-vous la voir heureuse ? Vous êtes libéré du ressentiment. Vous ne pouvez pas ? Vous avez encore des cailloux dans vos poches. Conservez-les. Ils matérialisent votre rancune.
◊ Attention, malgré le désir que vous pouvez en avoir, ne projetez jamais vos cailloux sur autrui.

Certains sports, certaines activités, peuvent servir de support pour libérer des tensions. N'hésitez pas à taper de toutes vos forces dans la balle au tennis pour vous libérer d'une rage. Allez couper du bois, sans oublier le « han ! ». Tapez des pieds dans le sol pendant le cours de claquettes ou de danse africaine.

Mais tous les sports ne se prêtent pas à l'expression émotionnelle. S'ils permettent de libérer l'énergie physique, ils servent souvent à renforcer la cuirasse musculaire qui permet la répression de l'émotion.

« Je fais du sport tous les matins, ça durcit mes muscles, cela m'aide à refouler mes émotions. Quand j'ai couru ou passé du temps sur les appareils de musculation, mon corps me fait mal, je reste centré sur moi, cela me permet de rester à distance d'autrui. Ce matin, j'ai fait une relaxation au lieu d'aller courir, je me rends compte que je suis plus souple, plus disponible affectivement, plus proche de vous », constate Pierre, très authentiquement.

Le sport peut canaliser les pulsions agressives. Certains disent combien le foot les ont sortis de la violence et de la délinquance. Le sport permet d'évacuer le trop-plein de tensions, mais il peut aussi être utilisé pour maintenir le couvercle sur son affectivité.

5

Angoisse, peurs, paniques et phobies

◊ *Quand avez-vous eu peur pour la dernière fois ? à quelle occasion ?*

Était-ce une peur appropriée ?	☐ *oui*	☐ *non*
Était-elle justifiée par la présence d'un danger ?	☐ *oui*	☐ *non*
Par la perspective de faire face à l'inconnu ?	☐ *oui*	☐ *non*
Était-elle justement proportionnée à la situation ?	☐ *oui*	☐ *non*
Était-elle aidante ?	☐ *oui*	☐ *non*
L'avez-vous manifestée ?	☐ *oui*	☐ *non*

Un seul *NON*, et vous n'étiez pas dans une peur utile, mais dans un sentiment parasite. Inquiétude excessive ? Angoisse, panique, phobie ?

L'inquiétude

Sylvie passe une bonne partie de son temps à s'inquiéter. Le moindre rhume de ses enfants la met dans tous ses états.

Et que dire quand ils sortent le soir ou partent en week-end avec des copains ! Vingt-quatre et vingt et un ans, ils sont grands. Qu'ils utilisent la voiture ou les transports en commun, elle ne vit pas. Quand ils rentrent à pas feutrés dans l'appartement elle fait mine de dormir. Mais ne vous y trompez pas, elle ne ferme pas l'œil avant de les savoir rentrés.

Cette inquiétude est **un héritage**. Sa mère était une grande inquiète et dramatisait le moindre problème. C'est aussi **un sentiment parasite** qui permet à Sylvie de ne pas prendre conscience de la vacuité de son existence. Ses peurs pour autrui, **sentiments de substitution,** dissimulent son sentiment d'incompétence. Elle se sent incapable de se diriger seule. Elle se le prouve d'ailleurs en se perdant chaque fois qu'elle conduit sa voiture dans une zone non familière.

◊ *Avez-vous tendance à l'inquiétude ?*

◊ *Quelle émotion avez-vous du mal à ressentir et exprimer ?*

◊ *Savez-vous vous affirmer ?*

L'angoisse

L'angoisse est **un mélange d'émotions**. Ce n'est pas une réaction physiologique adaptative, mais un état, qui peut durer plus ou moins longtemps. C'est un **sentiment parasite** qui exprime un conflit sous-jacent. Conflit entre pulsion et interdit, entre désir et peur, entre deux désirs, entre colère et crainte...

Certaines personnes développent de l'angoisse face à une situation spécifique. L'angoisse cesse quand la situation s'éloigne. Tim est *paralysé* par la perspective de faire son émission de radio. Dès qu'il sort du studio, il est soulagé. Malgré ses indéniables qualités d'animateur, Tim manque de confiance en lui. Ce n'est pas suffisant pour expliquer un tel état de tension. Il découvre en thérapie la vraie raison de son angoisse. Il s'interdit de dépasser son père. Ce dernier est *paralysé* et a dû arrêter de travailler alors que Tim était encore enfant. Tim a été frustré de père. Il a eu un papa, mais pas de Père auquel se confronter. Comment se mettre en colère, s'affirmer devant un infirme ? Comment exprimer sa frustration ? Comment en vouloir à ce père d'une maladie dont il n'est pas responsable ? Comment se donner le droit de réussir quand son père est paralysé à la maison ? Le conflit semble sans issue.

L'expérience de Paul est différente. Il pense être angoissé « sans raison ». C'est au volant de sa voiture que sa poitrine se serre au point qu'il doit s'arrêter au bord de la route. Il ne se comprend pas. Quand il raconte son histoire, j'apprends que son frère est décédé à l'âge de vingt et un ans... Dans un accident de la route ! Paul était à des kilomètres de là, mais il s'est senti coupable. Depuis tout petit, bien qu'étant le cadet, il protégeait son frère, se sentait responsable de lui. L'angoisse au volant lui parle de ce frère dont il n'a pas encore fait le deuil. A-t-il le droit de vivre, alors que son frère est parti ?

Sophie vit dans l'angoisse en permanence. Au point que l'oppression fait partie d'elle. Enfant rejetée, n'ayant reçu ni tendresse, ni marque d'attention, ballottée au gré des besoins de ses parents, elle n'a connu que la peur. Elle s'est construite sur l'angoisse de l'abandon, du rejet, du jugement.

Bertrand n'est pas conscient d'être angoissé. Seul détail : il se ronge les ongles. Il attribue cette habitude au stress lié à son job. En réalité, Bertrand ne supporte pas le vide. Il se ronge les ongles dans les embouteillages, et chaque fois qu'il n'a rien à faire. Bertrand s'absorbe dans le travail. Il rentre tard le soir. Le week-end, invoquant la fatigue de la semaine, il dort. Le sommeil de plomb comme l'activité intense lui permettent de fuir l'angoisse, d'enterrer les conflits intérieurs qu'il ne veut pas voir.

> **Une petite clef pour sortir
> d'une crise d'angoisse**
>
> Asseyez-vous bien droit. Deux oreillers placés l'un à côté de l'autre derrière vous. Inspirez, gonflez le ventre. Et, bouche ouverte, rentrez le ventre rapidement. L'air est propulsé dehors par le diaphragme. Inspirez de nouveau, gonflez le ventre. Et, expirez comme précédemment en disant « non » le plus fort possible.
>
> Mettez maintenant vos bras en mouvement. Poings fermés, avant-bras à l'horizontale, frappez du coude dans les oreillers sur chaque expir. Gardez les yeux ouverts. Quelques coups bien sentis... L'angoisse est partie.

◊ *Vous avez conscience d'être angoissé ? Décrivez ce qui motive votre angoisse :*

◊ *Regardez votre vie. Quels en ont été les éléments marquants ? Êtes-vous en proie à un conflit ? à une ambivalence ? Menez-vous la vie que vous désirez mener ? Reste-t-il dans votre passé des blessures ? Des deuils non faits ? Des frustrations, des manques ?*

◊ *Dans quelles situations conflictuelles avez-vous été impliqué ? Deux parties de vous s'opposent-elles ? Êtes-vous ambivalent envers une personne ?*
Associez librement sur l'objet de votre angoisse...

Les phobies

Tout ce qui fait partie de l'expérience humaine peut être objet de phobie : rencontrer une souris, prendre l'avion, conduire sur une autoroute, aller chez le dentiste, entrer dans un magasin, allumer un feu, mettre la tête sous l'eau, parler en public, travailler sur ordinateur ou se laisser toucher. Une goutte de sang, un tunnel, une souris, un espace ouvert, un espace clos, un chien, un crabe, un chat, le téléphone ou un rendez-vous galant peuvent provoquer une attaque de panique.

Une phobie est une peur irrationnelle et irrépressible d'un d'objet ou d'une situation. La personne sait que sa peur est inappropriée, elle peut en avoir honte, mais elle reste incapable de la juguler. Certaines phobies sont présentes d'emblée. Thérèse a toujours été paniquée à l'idée de prendre l'avion. D'autres apparaissent sans crier gare. Leila a joué avec son chat sans problème pendant des années. Puis, soudain, elle est devenue allergique[1] au point de ne pouvoir en regarder même en photo. Une fois installée, la peur a tendance à se renforcer.

Il existe des phobies simples, échos de situations traumatiques. Ce sont des élastiques. D'autres sont plus complexes et incluent un mécanisme de projection sur un objet symbolique.

Quand elle voit un feu, Katia est littéralement prise de panique. Elle a beau savoir qu'il n'y a aucun danger, elle ne peut se raisonner. Elle se souvient. Quand elle était petite, elle vivait en Afrique. La savane était en feu sur 400 km. Elle voit encore les images. Les troupeaux fuyaient devant la voiture. Les flammes étaient partout, gigantesques. Elle était trop petite pour comprendre ce qui se passait, mais il est certain que ses parents ont eu peur de ne pas en sortir vivants. Occupés à sauver la famille, les parents n'ont pas été attentifs à ses besoins de petite fille. Ni pendant. Ni après. Elle n'a jamais hurlé sa terreur.

Yolande évite de prendre l'avion. Quand elle y est contrainte, elle se plaque dans son siège et reste pétrifiée tout le voyage. Peur disproportionnée ? En 1951, elle était en avion avec ses parents. Panne du système de pressurisation... Il fallait descendre sans délai à un niveau respirable. En

---

1. Une allergie peut avoir différentes causes. Il arrive qu'elle soit la manifestation d'un conflit inconscient et se construise sur le même processus que la phobie.

quelques secondes, l'avion qui volait à 10 000 m d'altitude est descendu à 2 000 m. Elle revit encore la sensation. Les passagers hurlaient, certains vomissaient, sa mère s'est évanouie. Ils ont tous été sauvés. Mais Yolande a conservé la terreur en elle.

Marie, cinq ans, adore barboter. Mais elle est paniquée à l'idée de mettre la tête sous l'eau ! Elle est née par césarienne. Un nœud coulant bloquait ses efforts à naître. À chaque contraction, à chaque tentative d'engagement dans le col, le nœud se serrait et son cœur ralentissait. Marie a frôlé la mort. Son histoire l'a marquée d'un sceau d'impuissance. Impuissance à sortir de l'eau primordiale. Le chirurgien l'a tirée de là avec plus ou moins de délicatesse. Et le cordon a été coupé avant qu'elle n'ait pu établir par elle-même sa respiration.

Les peurs de Katia, Yolande et Marie ont une origine traumatique. Phobies simples, ce sont des élastiques.

Irène hurle devant une souris. Si elle en aperçoit une, elle monte sur la table et remonte ses jupes sur son visage. Ce comportement stupéfie tout le monde. Irène est plutôt prude d'ordinaire.

Irène n'a jamais été ni mordue, ni menacée, par une souris. Sa phobie n'est pas un élastique. Beaucoup de gens ont peur de prendre l'avion ou de monter dans un ascenseur. Ils n'ont jamais vécu d'accident. Leur phobie est complexe.

Le comportement d'Irène va nous donner une piste. Elle remonte ses jupes pour se cacher le visage ! Ce faisant, elle découvre sa culotte. Invitée à décrire une souris, elle dit : « C'est un animal dégoûtant. Je ne supporte pas ses petits yeux qui m'observent. Et cette queue répugnante... » Irène, violée par son oncle, n'a jamais pu dire sa colère à ce dernier. Elle a vécu la peur, le dégoût, l'impuissance, la rage... Tous ces sentiments nourrissent sa panique. Dans l'impossibilité de dénoncer son oncle, elle a déplacé sa terreur et son dégoût sur un animal qui pouvait symboliser ce qui lui avait fait mal.

Julie a peur de l'eau. Elle n'a jamais risqué de se noyer. Elle n'est pas née par césarienne. Il ne s'agit pas d'un élastique. Elle se justifie : « Ce n'est pas l'élément naturel de l'humain. » Ah bon ? Mais d'où venons-nous si ce n'est d'un milieu aquatique ? Nous avons tous commencé notre vie dans le ventre d'une maman. Julie a tout de suite associé. Elle avait peur de sa mère qui la « noyait » dans un monde qui ne lui convenait pas. Devant sa mère, elle était impuissante. Elle n'était pas écoutée, pas comprise. Son père était absent. Il ne lui a pas fourni la verticalité nécessaire pour ne pas se noyer dans sa mère.

Luc est terrifié par le vide. Regarder le paysage du haut d'une falaise ou d'un pont lui donne le vertige. Je lui fais préciser. « C'est la hauteur qui me fait paniquer... J'ai peur de *ne pas être* à la hauteur. » Aux yeux de son père, il n'était jamais à la hauteur. Luc porte en lui un vide de vrai papa. Le sien n'était que jugement. Luc réprime depuis toujours la fureur de l'humiliation, la rage de l'impuissance, la colère de l'injustice. Mais il a peur de son père. Peur de son jugement... Et il aimerait tant se sentir aimé de lui, être reconnu. Pour rester inconscient du conflit entre ses sentiments contradictoires, il développe une phobie. Sa panique est faite de la peur du jugement, augmentée des sentiments de rage transformés eux aussi en peur. Elle est déviée sur un objet de substitution, un objet symbolique de son père, ce père qui se caractérise par le vide de tendresse.

Vous ressentez de la panique chaque fois que vous voyez chat ou araignée, que vous vous trouvez en situation de prendre un transport en commun, de vous retrouver dans un endroit clos ou sous le regard d'autrui, selon l'objet sur lequel vous avez projeté votre angoisse ?

La panique vise à voiler les émotions sous-jacentes. Elle permet de rester inconscient de la réalité du conflit.

Comment en guérir ? En osant regarder la réalité et en exprimant les émotions anciennes encore bloquées en soi[1].

Derrière une phobie, l'anxiété, la panique, il y a une blessure restée ouverte. La colère n'a pas pu être dite pour guérir de l'insulte, de l'abus, de l'envahissement. Vous n'avez pas pu

---

1. Voir exercice de guérison de l'enfant intérieur, p. 269.

sortir de la toile d'araignée tissée par papa/maman, pas eu le droit de dire NON, de choisir votre vie, pas pu dire STOP, vous avez été empêché de vous affirmer. La peur est restée, couvrant la blessure, enterrant les émotions de douleur et de colère, et a été projetée sur un objet de substitution, un objet qui rappelle symboliquement, analogiquement, l'objet premier de votre souffrance.

Peur d'étouffer ? Qu'est-ce qui vous étouffe, ou vous a étouffé, dans votre existence ? Une mère trop possessive ou à laquelle il était impossible de dire non ? Un père absent, qui n'a pas su vous aider à sortir de la fusion maternelle ?

◊ *Vous avez peur au point de paniquer... (entourez les mentions utiles) des araignées, des souris, des ascenseurs, de l'avion, de la voiture, des chats, des gens, des transports en commun, des soirées informelles, de parler en public, de vous affirmer, de dire non, autres :*

◊ *Choisissez une de ces peurs et cochez :*
vous éprouvez...
☐ *une légère répulsion*
☐ *une grande répulsion*
☐ *évitement systématique*
☐ *de la panique*
☐ *vous faites de l'allergie (boutons, œdèmes...)*

La répulsion envers les chiens, le dégoût pour les araignées, le trac ne sont pas des phobies si vous pouvez les dominer sans trop de peine. On parle de phobie à partir d'un comportement d'évitement systématique, de crises de panique lors de la confrontation avec l'objet, d'anticipation anxieuse de la situation telle que cela gêne la vie quotidienne, sociale et professionnelle.

a) Choisissez une de vos peurs. Décrivez-la :

b) Affinez votre regard, de quoi avez-vous peur exactement ? (rayez les mentions inutiles et précisez éventuellement vos propres peurs sur les pointillés).

J'ai peur :
- ☐ *d'étouffer*
- ☐ *de faire un malaise*
- ☐ *de ne pas contrôler*
- ☐ *de paraître idiot*
- ☐ *du jugement d'autrui*
- ☐ *du qu'en-dira-t-on*
- ☐ *de rien de spécial, j'ai peur, c'est tout !*
- ☐ *autres*

◊ *Maintenant reprenez ce que vous avez écrit en a).*
◊ *Les caractéristiques de l'objet de votre peur peuvent-elles vous évoquer, par analogie, quelqu'un de votre entourage ? une situation ancienne vécue ?*

◊ *Analysez vos réponses en b).*
Vous avez peur d'étouffer ? Qui ou qu'est-ce qui vous étouffait enfant ?
Vous avez peur du jugement ? Qui vous a blessé par des jugements dans votre enfance ?

◊ *Voyez comment votre phobie résume votre histoire, comment la panique recouvre probablement des émotions davantage liées à une personne ou situation du passé qu'à l'objet de votre phobie actuelle.*

D'autres peurs incompréhensibles et disproportionnées peuvent avoir une origine plus lointaine encore... Elles plongent leurs racines dans un passé qui nous dépasse. Elles font écho aux souffrances de nos ancêtres.

De forts traumatismes, des deuils impossibles dans les générations précédentes peuvent occasionner des terreurs intenses, irraisonnées. Un accouchement peut résonner du désespoir de la perte d'un bébé deux générations auparavant... Et ce, même si les parents ignorent tout de l'histoire familiale.

6

Pommes de terre chaudes ou transmissions transgénérationnelles

Nombre de réactions excessives sont motivées par nos expériences passées. Il arrive aussi que rien dans notre histoire personnelle ne puisse expliquer une émotion disproportionnée. Ce peut être une « pomme de terre chaude ». Sur le modèle de la patate brûlante que l'on passe au voisin pour éviter de se brûler, des parents « passent » des scénarios inachevés, ou des modèles de sentiments, à leurs enfants ou petits-enfants (il est fréquent que la transmission saute une génération).

Pamela est triste. Alors que sa vie ne l'est pas. Elle n'arrive pas à se débarrasser de cette tristesse qui lui colle au corps. Tout n'était pas rose dans son enfance, mais de là à justifier un fond de dépression aussi marqué... Si Pamela n'avait pas de raison d'être triste, Reine, sa mère, en avait. Reine avait un visage marqué par le chagrin et les soucis. Elle avait vécu le deuil d'un frère alors qu'elle n'avait que cinq ans. Sa mère l'avait alors rejetée et s'était enfermée dans la dépression. Reine n'avait guère connu qu'une mère triste. Elle en a conservé les marques. Comment se libérer de cette tristesse ? Ressentir de la colère contre une mère qui avait vécu la douleur de perdre un enfant ? Le masque de tristesse de

Reine retenait sa rage. À la génération suivante, Pamela a elle aussi pris sur elle le masque. Par imitation, osmose, ou pour inconsciemment tenter d'en soulager sa mère... Peine perdue !

Lors d'un travail de psychothérapie familiale, Pamela a pris conscience de l'origine de cette tristesse dont elle ne pouvait se dégager. Elle comprenait maintenant pourquoi. Ce n'était pas la sienne ! En présence du psychothérapeute assurant le rôle de médiateur, elle a dit à sa mère ces simples mots : « Je te rends ta tristesse, maman. C'est la tienne. Je n'y peux rien. » La tristesse s'est envolée.

La prise de conscience, suivie de la verbalisation devant un tiers, a marqué un tournant dans la vie de Pamela.

« Nous sommes des réponses à des questions non résolues de nos ancêtres », disait Carl Gustav Jung. Nous héritons d'un bagage inconscient lié aux émotions refoulées par nos grands-parents, arrière-grands-parents et au-dessus.

Enfant, nous nous sentons dans l'obligation de « réparer » nos parents. Nous sentons leur faille, leur blessure, leur souffrance et en prenons — inconsciemment — l'expression en charge.

Nous nous engageons dans des processus de répétition de ce qu'ont traversé nos ancêtres. Non par masochisme, mais par tentative de faire mieux, de trouver une solution plus harmonieuse. Nous explorons en général les différentes dimensions et positions de l'expérience. Nous incarnons tour à tour chaque personnage.

Cancer au même âge que son père, accident ou perte de travail au même âge que sa mère... Suicides, morts d'enfants, drames variés. Même des événements dans lesquels nous n'avons aucune part de responsabilité vont se représenter génération après génération (ou fréquemment en sautant une génération). Comme si la Vie (aurait-elle une intention ?) nous proposait le même problème, jusqu'à ce qu'il soit solutionné positivement.

Nous avons du travail. Au vu de ce que les générations précédentes avaient le loisir d'exprimer... On peut suspecter un certain nombre de blessures, d'émotions refoulées, de non-dits à explorer !

Suite à une césarienne, Alexandra reste huit jours entre la vie et la mort, atteinte d'une septicémie. Pendant toute la grossesse, elle et son compagnon étaient certains qu'il s'agissait d'un garçon. Ce n'était pas véritablement une préférence, juste une conviction, renforcée par leurs rêves. À vrai dire leur préférence consciente allait plutôt vers une fille.

Lors de la naissance, joie, c'est une fille ! Le lendemain Alexandra est fiévreuse. Personne ne comprend ce qui se passe. Une infection urinaire est suspectée, le labo confirme... Alexandra commence le traitement sans succès jusqu'à ce que vingt-quatre heures plus tard le laboratoire appelle. Pardon, ils se sont trompés ! Une grippe est alors évoquée... Trois jours après, la fièvre ne diminue pas. Contre l'avis du médecin pour lequel il ne peut s'agir d'une septicémie (son hôpital est au-dessus de tout soupçon question hygiène) une infirmière prend sur elle de faire une prise de sang pour hémoculture. Les résultats sont là, Alexandra est en train de mourir d'une septicémie. Elle est infestée de staphylocoques dorés. Les antibiotiques, enfin prescrits, la sauvent.

Elle interroge père et mère pour mieux comprendre ce qui s'est passé, rien dans son histoire n'expliquant ces huit jours suspendus entre ciel et terre. Hasard ? Ce sont des choses qui arrivent ?

Enceinte de nouveau, elle est terrifiée à l'idée d'accoucher. Il lui faut comprendre pour se débarrasser de cette peur démesurée. Après quelques mois de recherche infructueuse, elle prend en compte la réflexion d'une femme-médecin : « Vous avez cherché du côté de votre compagnon ? » Alexandra décide d'approfondir le discours de sa belle-mère. Cette dernière dit que ses accouchements se sont tous très bien passés. Au-delà de ce « très bien », qu'a-t-elle vécu exactement ?

Là, Alexandra et son compagnon entendent, stupéfaits, le récit de Laurence. Après la naissance de son premier enfant, elle est restée huit jours « entre ciel et terre ». La belle-mère reprend exactement les termes qu'utilise Alexandra pour décrire son expérience. Elle aussi a fait une infection du sang. Mais pourquoi Alexandra a-t-elle vécu ce traumatisme ?

Laurence a accouché d'une fille, un garçon était attendu. Quand ce petit bébé féminin est apparu, le père a fait la grimace. Il a refusé de la prendre. « Qu'est-ce que c'est que ça ! » Il n'a plus reparu à la clinique et, quarante ans plus tard, n'a aucun souvenir de la maladie de sa femme ! Laurence a donc frôlé la mort seule. Peur, frustration, désespoir, comment a-t-elle pu s'occuper de ce bébé ? Les premiers jours de Sophie, la sœur aînée du compagnon d'Alexandra, ont été difficiles.

Quelques années plus tard, Laurence met au monde un garçon. Cette fois c'est la liesse. Le père est fier, le successeur, l'héritier, Nicolas, le petit roi est né. Ce divin enfant va tenter de réparer la famille. Il grandit à côté de sa grande sœur, tout en l'appelant « petite sœur » comme pour marquer leurs places respectives.

Au moment de devenir papa, Nicolas va rejouer l'histoire familiale, pour donner à la Vie une autre réponse que celle de son père.

Tout d'abord il est convaincu qu'il attend un garçon... C'est une fille. Son père a rejeté sa fille. Lui, l'adore, l'accueille et la cajole.

Alexandra, comme Laurence, est immobilisée dans son lit par la fièvre. Elle ne peut changer ou laver le bébé. Le père de Nicolas n'est jamais venu au chevet de Laurence, encore moins du bébé. Nicolas, lui, se met en disponibilité et installe un matelas dans la chambre de sa femme. Pendant les dix jours d'hospitalisation, il est là, s'occupe de sa fille jour et nuit.

Il répare les blessures de sa sœur et de sa mère, compense les manques de son père, rétablit la justice.

Quand Nicolas et Alexandra en prennent conscience, l'émotion est grande. Nicolas remercie sa femme, qui (inconsciemment) a risqué sa vie pour l'aider à transformer son histoire. Alexandra, jusque-là terrorisée à l'idée d'accoucher une seconde fois, est maintenant totalement libérée.

Les causes profondes identifiées, la peur disparaît. L'inconnu, l'incompréhension terrifient. **Sitôt que des mots peuvent être posés, sitôt que la cohérence est revenue, la peur s'efface.**

◊ *Pouvez-vous identifier une émotion qui pourrait trouver ses racines ailleurs que dans votre expérience personnelle ? C'est une émotion lancinante, qui vous habite sans que vous ne puissiez mettre un mot sur ce qui la motive dans votre vie.*

◊ *Y a-t-il un événement marquant dans votre vie dont vous ne comprenez pas le sens ? Accident, maladie, échec professionnel, divorce, trahison sexuelle de votre partenaire... Cherchez dans votre arbre généalogique. Un de vos ancêtres aurait-il été confronté à la même question ? Pouvez-vous relever des rythmes ? des similitudes d'âge ? de prénoms ? des fréquences ?*

◊ *Avez-vous le sentiment de vivre une vie qui réponde aux désirs conscients ou inconscients d'un parent ou d'un ancêtre ?*
Vos parents, leurs vies, leurs désirs inassouvis, ont-ils été des paramètres dans le choix de votre métier ? de votre mari/femme ? de votre maison ?

◊ *Écrivez une lettre à celui dont vous avez « copié » ces émotions pour les lui rendre. Vous pouvez ensuite brûler la lettre en la lui adressant mentalement, ou si vous le désirez, envoyez-lui, mais en ce cas, prenez soin de la reformuler en termes de vos besoins (voir ci-après, colère saine p. 138).*

7

Contagion

Ninon attendait tranquillement son mari à l'arrêt d'autobus. Elle se sent soudain envahie par une angoisse qui ne lui ressemble pas. Par réflexe, elle regarde sa montre. Son mari est très en retard. Il ne viendra plus. D'ordinaire elle rentre chez elle tranquillement et point ! Mais là, c'est différent. Elle se sent mal. Elle ne comprend pas son angoisse. Elle ne le sait pas encore, mais ces sensations d'oppression ne sont que contagion. Quelques heures plus tard, elle en parle à son mari. À l'heure exacte où elle était en proie à ce malaise, son mari était pris dans un conflit interne. Son patron lui demandant un travail imprévu, il ne pourrait être au rendez-vous. Il n'osait pas dire non. Furieux de ce contretemps, il réprimait pourtant sa colère. Le déjeuner était manqué. De plus, il lui était impossible de prévenir Ninon[1]. Une angoisse incoercible lui a serré la gorge... C'est cette angoisse que Ninon a perçue à distance.

Les émotions que l'on ressent n'ont pas toujours leurs causes en nous.

Je marchais sur le trottoir quand soudain je me sentis prise de panique... Je n'en avais jamais ressenti. Rien en moi, ni à l'extérieur autour de moi ne pouvait justifier cette émo-

---

1. L'ère du téléphone portable n'était pas encore advenue.

tion. Je respirai profondément, regardai la panique... Laissant libre cours à mes associations mentales, je vis le visage d'une de mes clientes. Je travaillai l'émotion en moi (par ma respiration, je la dissolvais). J'avais noté l'heure du début de la crise et du retour au calme quelques minutes plus tard. Lorsque je revis ma cliente le lendemain, elle commença par me raconter qu'elle avait eu la veille une crise de panique... Elle s'était sentie libérée bien plus vite que d'habitude. Elle me confia son étonnement. Je partageai alors avec elle mon vécu, les horaires correspondaient. Nous avions traversé les mêmes émotions au même moment.

Est-ce ainsi que fonctionnent les guérisseurs ? Je ne sais pas, hélas, faire cet exercice volontairement. Cela ne s'est jamais reproduit depuis. Tout au moins, je n'en ai jamais eu conscience. Cet événement m'a beaucoup troublée à l'époque. Il pose de nombreuses questions. J'étais sans doute dans une (trop ?) grande fusion psychique avec cette patiente, m'impliquant (inconsciemment) jusqu'à prendre en charge ses paniques. Quoi qu'il en soit, cette expérience m'a permis d'apprendre que ce que nous ressentons ne nous appartient pas toujours en propre. Bien que cela nous concerne en définitive. La science commence à prouver ce que les sages du bouddhisme énonçaient. L'humanité est une. Nous sommes interdépendants. À la façon d'une parcelle d'hologramme, chacun porte en soi l'humanité entière.

Lorsqu'une émotion vous paraît étrangère : mettez des mots dessus. Identifier — « je ressens de la peur », ou « je me sens en colère » — est un premier pas pour mettre l'affect à distance. Respirer en soi, sentir le parcours de l'air depuis le nez jusqu'au sacrum, bouger, modifier son attitude corporelle aide à sortir de la contagion. Vous pouvez alors l'analyser et repérer son origine. Si les sensations cessent, l'émotion ne vous appartient pas. Dans le cas contraire, c'est probablement la vôtre.

Pour certains psys, on est « contaminé » par les émotions d'autrui quand elles entrent en résonances avec des émotions refoulées en soi. C'est en partie juste. Mais en tant qu'humains, nous sommes susceptibles de résonner à n'importe quelle émotion humaine.

La contagion émotionnelle dans les foules est un phénomène impressionnant et qu'il faut se garder de minimiser. Des personnes tout à fait saines d'esprit, profondément antifascistes, ont pu se trouver à lever la main et crier « *Heil Hitler* » en écoutant un discours du Führer parmi des milliers de personnes en liesse. Dans une foule, la personnalité consciente est incitée à s'effacer, c'est-à-dire que la personne abdique (inconsciemment) sa capacité de penser par elle-même et de faire confiance à ses sensations, sentiments et émotions. Ses sentiments et pensées ont tendance à s'orienter dans un même sens, dicté par la foule.

Un jury d'examen, comme un jury en cour de justice, peut, sous certaines conditions, être considéré comme une foule. Les phénomènes d'influence sont tels, qu'il peut rendre un verdict avec lequel chacun des jurés pris individuellement serait en désaccord.

L'alphabétisation émotionnelle est centrale dans une démocratie !

Les sectes fonctionnent largement sur la contagion affective. Un des aspects séducteurs des sectes est cette impression de fusion avec un groupe, cette intensité de vécu lorsque des émotions sont ressenties ensemble.

On est d'autant plus vulnérable à la contagion émotionnelle qu'on a du mal à ressentir et exprimer ses émotions propres. **La maturité émotionnelle est un bon rempart contre les sectes et toute forme de manipulation mentale et affective.**

Dans un groupe, lors d'une réunion, quand les personnes présentes veulent arriver à un accord, elles s'imitent mutuellement et adoptent inconsciemment les mêmes postures. Pour conserver vos idées et sentiments propres, restez attentif à vos gestes et postures. L'attitude est cohérente avec les émotions. Se mettre en désaccord physique est une bonne manière de prendre du recul par rapport à ce qui se passe. Cela permet de regarder les événements sous un autre angle.

◊ *Dans un groupe, observez votre attitude physique. Si elle se calque sur celle de votre entourage, bougez, vous récupérerez votre identité !*

◊ *Lors d'une réunion, faites l'expérience. Vous avez les jambes croisées comme certains de vos collègues assis à vos côtés ? Décroisez-les.*
Vous êtes penché en avant comme untel ? Vous tenez votre menton comme unetelle ? Écoutez vos sentiments et pensées. Bougez. Écoutez en vous la différence. Explorez votre attitude face au sujet traité selon vos gestes et postures.

◊ *Dans une foule, pensez à respirer profondément en vous. Évoquez des souvenirs personnels. Sortez de la foule de temps en temps pour la regarder passer, sortir du mouvement général.*

8

Je regarde et j'accepte mon émotion

Adrienne est amoureuse, et inquiète à l'idée de faire échouer une fois de plus cette histoire naissante.

« Je lui ai demandé de m'appeler ce soir. Mais, j'ai très envie de l'appeler à midi, tu crois que je peux ? »

Il ne m'appartient pas de lui donner des conseils, je reformule ce que j'entends pour l'aider à progresser dans la prise de conscience de ce qui se passe pour elle.

« Tu as envie de l'appeler à midi, plutôt que d'attendre son appel ce soir.

— Oui... Je n'aime pas attendre, et s'il n'appelle pas... Il peut oublier... C'est ça, j'ai peur... Ça alors, je ne m'en rendais même pas compte !... Ma mère m'a tellement souvent oubliée. Je n'ai pas l'habitude qu'on fasse attention à moi. Il y a une petite voix en moi qui dit : "Il n'appellera pas." L'attente serait insupportable, je préfère appeler avant. »

Cette façon d'appeler compulsivement de peur d'être oubliée avait probablement fait fuir plus d'un prétendant.

Pour guérir de nos peurs, nous devons nous interdire le passage à l'acte qui nous protège de nos affects, affronter ce qui se passe en nous quand nous nous abstenons de nos comportements compulsifs, qu'ils soient de téléphoner, se ronger les ongles, manger, travailler, faire le ménage... et observer simplement ce qu'ils recouvrent.

1. Restez avec l'émotion. Laissez-la couler dans vos veines, éprouvez-la dans tout votre corps...
2. Mettez des mots, identifiez l'émotion, et repérez son origine véritable, au-delà du déclencheur.

Est-ce un élastique ? Suivez le fil de votre émotion... remontez dans le passé, jusqu'à la première fois où vous avez ressenti cette même émotion. Utilisez alors la technique de la guérison de l'enfant intérieur. (Voir p. 269.)

Est-ce une substitution ? Identifiez l'émotion sous-jacente, retrouvez-la en vous, et donnez-vous la permission de la vivre.

Est-ce une collection de timbres ? Opérez le tri de votre responsabilité, exprimez la colère restante et lâchez le ressentiment.

Est-ce une pomme de terre chaude ? une transmission transgénérationnelle ? Identifiez l'origine de l'émotion. Rendez la patate à qui de droit. Regardez comment ce que vous vivez aujourd'hui répare les générations précédentes. Avez-vous emprunté une route plus constructive que vos ancêtres ?

Est-ce une émotion fonctionnelle ? Exprimez-la. Laissez votre corps parler. Il sait ce qu'il a à faire. Respirez simplement profondément dans votre sacrum, et laissez l'émotion vous traverser. L'expression, si violente soit-elle, ne dépassera pas quelques minutes.

Une émotion surgit ? Respirez dedans, acceptez-la, laissez-la se développer, couler en vous.

Quand nous avons peur de nos émois, nous cherchons à nous battre contre. C'est le meilleur moyen de leur donner de la vigueur ! Les accepter est bien plus efficace. Reconnus, écoutés, ils s'apaisent.

« J'ai ressenti ma boule dans l'estomac, la panique commençait à m'envahir, alors j'ai fait ce que tu m'as dit, au lieu de me crisper comme d'habitude, j'ai respiré profondément. Je suis rentré dans la boule. Je l'ai acceptée. Et elle s'est dissoute ! » rapporte André, stupéfait d'avoir pu ainsi enrayer une des crises de panique qui, d'ordinaire, le terrassent.

La technique paraît si simple, elle est pourtant efficace. Elle consiste à faire la dernière chose dont on ait envie quand on souffre : accepter la souffrance, entrer dedans et relâcher les tensions plutôt que de les combattre et donc de se crisper dans la lutte.

« Ma mère me tapait tellement fort, j'ai pris l'habitude de ne plus sentir ce qui se passait dans mon corps. En plus, je ne voulais pas qu'elle voie que j'avais mal. Je faisais comme si je ne sentais rien. Je m'évadais dans l'imaginaire, je me racontais des histoires dans ma tête, c'était mon monde à moi. »

La maltraitance oblige les enfants à sortir complètement d'eux-mêmes pour ne pas trop souffrir. Dans l'impossibilité de se soustraire à l'abus, ils s'absentent intérieurement. Ils ne sont plus dans leur corps. Celui-ci peut continuer de fonctionner, parler, marcher, mais ils ne sont plus affectés par rien, ils vivent comme des automates. Ce mécanisme de défense leur permet de survivre, de ne pas être complètement détruit par l'agression.

Une fois adulte, on n'a plus au-dessus de soi des parents qui menacent, jugent, frappent, violent, hurlent ou se montrent absents, inattentifs... mais le pli est pris. Et il est difficile de faire tomber la carapace, de revenir dans ce corps. Y rentrer, c'est obligatoirement réveiller toutes ces émotions, ces souffrances intolérables, ces terreurs, ces rages... On peut avoir peur de ne pouvoir y survivre. **Quitter les stratégies de survie, oser traverser la souffrance, est pourtant la seule issue pour vivre vraiment.** Nous sommes devenus adultes, l'agresseur n'est plus là, nous pouvons sortir du terrier dans lequel nous nous sommes cachés. L'enfant, seul, sans secours, sans écoute empathique de ses sentiments, et sans perspective de changement de la part de ses parents ne pouvait qu'enfermer ses souffrances en lui. Adultes, nous pouvons les traverser, libérer les émotions enfouies.

« J'ai passé toute une vie à éviter la souffrance, j'ai traversé des zones d'horreur, mais je ne sentais pas, je ne vivais pas, j'étais étrangère à moi-même. Mes réactions pouvaient être agressives, j'étais susceptible, je jouais le persécuteur ou le sauveur avec les autres, tout ça pour ne pas sentir. Aujourd'hui je souffre, j'ai besoin de sentir la souffrance, je revis. Cette souffrance, c'est moi. J'ai besoin de passer par là, je ne veux plus l'évacuer, il faut que je la traverse. C'est ma seule chance de redevenir vivante », me confie Christiane.

Nous n'avons pas tous traversé autant de souffrances que Christiane, mais nous avons tous, à un degré ou un autre, été contraints de nous absenter de nous-mêmes. La répression émotionnelle fait encore partie de notre culture. Dans la famille, et même à l'école.

Nous avons appris à répondre « présent ! » à l'instituteur, mais étions-nous vraiment présents à nous-mêmes ? La scolarité en France est (était ?) centrée sur les programmes et non sur le développement de la personne. Sur l'apprentissage de l'obéissance et non de l'autonomie. Sur le renforcement du conformisme et non de l'initiative et de la créativité. L'école a confirmé le message des parents. Dans la classe, comme à la maison, on nous a enseigné à nous mettre dans la tête des autres en vue de répondre à leurs attentes, plutôt qu'à écouter notre voix intérieure.

Nous avons à nous réapproprier notre espace intérieur.
La respiration consciente est un premier outil de présence à soi.

◊ *Inspirez profondément. Voyez jusqu'où descendent vos poumons : jusqu'au diaphragme. Permettez à vos poumons de se remplir d'air. Gonflez-les vers le bas et dans le dos. Pensez à votre colonne vertébrale. Visualisez l'air qui pénètre tout le long jusqu'au sacrum et inonde le bassin.*
Tout en respirant ainsi, pour vous sentir vraiment présent, ici et maintenant, prenez conscience de vos sensations. « Écoutez par tous les pores de votre peau. »

◊ *Aujourd'hui, décidez de stopper votre activité pendant trois secondes, toutes les deux heures. Quoi que vous soyez en train de faire, interrompez-vous et observez ce qui se passe à l'intérieur de vous.*

9

Analyse d'un blocage émotionnel

À quarante-quatre ans, Rébecca vient de rater son permis de conduire pour la septième fois ! Elle se débrouille pourtant bien tant qu'elle est en compagnie de son moniteur habituel. Mais en face de l'examinateur, c'est la panique. Elle ne peut se contrôler, et malgré les calmants qu'elle prend avant l'épreuve, elle oublie de s'arrêter au Stop, refuse une priorité ou monte sur le trottoir.

La réaction est manifestement disproportionnée. Nous suspectons un élastique. Explorons le passé de Rébecca.

Elle le dit tout de suite, elle ne s'est jamais senti le droit à l'autonomie. Jamais, elle n'a jamais pu revendiquer quoi que ce soit ou dire « non » à sa mère. Cette dernière ne s'intéressait pas à elle, ne lui faisait jamais un compliment. Jugée en permanence, Rébecca manque de ce sentiment de sécurité qui se construit dans les bras d'une maman. De la sienne, elle n'a jamais récolté que dévalorisations et critiques. Devant toute personne en position de pouvoir sur elle, comme sa mère, comme un examinateur de permis de conduire... elle tremble. La peur du jugement fait élastique.

Chez Rébecca, la peur recouvre volontiers la colère, tant cette dernière était interdite face à sa mère. Rébecca risque de substituer de la peur panique à toute nécessité de s'affirmer, de se montrer elle-même, d'être autonome, de se conduire par elle-même !

En résumé, deux éléments l'empêchent de réussir son examen d'obtention du permis de conduire : la panique élastique face au jugement d'une autorité, et l'interdit sur l'autonomie = pas le droit de conduire sa propre vie, encore moins une voiture.

La voie de la guérison passe par l'expression de la colère.

◊ *Repérez une situation de blocage dans votre vie quotidienne. Décrivez-la en quelques mots.*
Quelles sont les pensées qui vous freinent ?
Quels sont les sentiments qui vous inhibent ou font échouer vos tentatives ?

◊ *Analysez ces sentiments comme nous venons de le faire pour Rébecca. Quelles émotions se cachent derrière ? S'agit-il d'élastique ? de substitution ? d'un mélange d'émotions contraires ? de collection de timbres ? de transmission transgénérationnelle ?*
Ce blocage est un symptôme. C'est la solution trouvée par votre inconscient pour négocier avec les croyances d'enfance. Quel conflit ce symptôme tente-t-il de mettre en lumière ? À quel interdit êtes-vous soumis ?

10

Sous la dépression, colères et peurs

Tout d'abord, ne confondons pas déprime passagère et dépression. Cette dernière est un état qui s'installe plus de quinze jours, c'est une véritable maladie. La déprime ? Tout le monde y passe à un moment ou un autre. Nous ne pouvons pas être toujours gais et rayonnants d'énergie. Il y a aussi des jours où rien ne va, on se sent fatigué, goût à rien, envie de se réfugier sous la couette en attendant que cela passe.

Il y a diverses sortes de dépression, nous allons ici traiter de celles dont l'origine est psychique. Car certaines ont une origine physiologique. Nous ne connaissons pas encore tous les mécanismes qui régulent nos humeurs, mais il est clair que de très nombreux facteurs sont à l'œuvre.

Les dépressions saisonnières peuvent être des réactions anniversaires de deuil, autrement dit des élastiques : Vous avez perdu un être cher en octobre ? Tous les ans, en octobre, la tristesse vous envahit. Vos parents vous envoyaient en pension ? Toutes les rentrées de septembre déclenchent le même état de mal être.

La cause des dépressions saisonnières peut aussi être biologique. Regardez le parcours du soleil dans le ciel. Nous réagissons à la diminution du jour. La glande pinéale, située au centre du cerveau, est sensible à la luminosité. Elle sécrète plus ou moins de mélatonine selon votre exposition à la lumière. En hiver, même s'il fait froid, sortez exposer votre front à la lumière du jour. Vous stimulerez ainsi votre glande pinéale. Envisagez d'acquérir des ampoules électriques qui imitent la lumière du jour.

Le métabolisme du sucre est très complexe. Un mauvais fonctionnement, des abus de sucres peuvent engendrer des symptômes anxieux ou dépressifs.

Soyez attentif à vos hormones... Un déséquilibre hormonal peut être à l'origine d'un cortège de symptômes dont la fatigue, la nervosité, l'insomnie et les idées noires !

Occupons-nous maintenant de ce qui reste d'émotionnel dans votre état. Votre dépression peut être réactionnelle, c'est-à-dire déclenchée par un événement traumatique :

◊ *Vous vous sentez dépressif ?*
Réfléchissez à ce qui se passe (ou ne se passe pas) en ce moment dans votre vie. Votre dépression était-elle réactive à un événement ? Au-delà de ces faits, quels sont vos sentiments vis-à-vis de vous-même ? D'où viennent ces sentiments ? Pouvez-vous identifier une frustration ? un manque ? une injustice ? une blessure ?
Cherchez aussi dans votre passé immédiat.

◊ *Quel pourrait être le bénéfice inconscient de votre dépression ?*
Si vous n'étiez pas dépressif en ce moment, que feriez-vous de différent ?

◊ *Écoutez le fond de votre cœur, y aurait-il une peur, là derrière ?*

Même si vous identifiez un déclencheur dans votre passé récent, une dépression (surtout si elle est importante) prend racine beaucoup plus loin dans votre histoire. On peut comparer le processus de la dépression à une bulle d'air bloquée au fond de l'océan par un rocher. À l'occasion d'un événement X ou d'un nouveau courant, le rocher bouge et laisse la bulle remonter à la surface. Longtemps retenu au fond de l'océan, l'air contenu dans la bulle n'est pas d'aujourd'hui. Quand remonte une bulle d'émotions refoulées, nous respirons l'air du passé. **L'explication de la dépression n'est pas à chercher seulement dans ce qui nous arrive aujourd'hui, mais dans notre histoire, parfois lointaine.**

Toutes les blessures remontent un jour à la surface. Une souffrance refoulée peut rester tapie dans l'inconscient pendant un demi-siècle, un jour ou l'autre elle se représente. Elle veut guérir ! Si nous n'avons pas le courage de la regarder et de l'exprimer nous-mêmes, si nous préférons la taire, elle sera transmise à un de nos enfants ou petits-enfants. Comme on se rejette une pomme de terre chaude.

Une dépression — comme une maladie inscrite dans le corps — peut être une excellente chose, voire une bénédiction. Elle nous oblige à aller guérir au fond de nous les trous occasionnés par les blessures, les béances laissées par les manques. Elle nous permet de soigner, panser, cicatriser, et de repartir sur des bases saines. **À condition d'écouter le message et de ne pas se contenter d'absorber des antidépresseurs, la dépression fournit une opportunité pour changer sa vie.** C'est un temps pour plonger en soi, se retrouver, faire le tri entre l'important et le superficiel, reprendre contact avec ses valeurs profondes, lâcher les tensions, les mécanismes de défense, masques et attitudes endossées pour faire plaisir à autrui. Et (re)devenir soi.

La dépression survient parfois au moment où on l'attend le moins. Juste après un événement heureux, la réalisation d'un objectif, un mariage... Comme si à l'instant où le bonheur arrive, il était interdit d'en jouir.

C'est le cas de Serena. La dépression lui est « tombée dessus » alors qu'elle se sentait parfaitement épanouie.

Mariée, deux enfants, une jolie maison... tout pour être heureuse. En réalité, la dépression grondait en elle depuis sa toute petite enfance. Serena n'a jamais reçu d'affection. Critiques et dévalorisations pleuvaient sans cesse. Elle a tenté de se construire malgré tout une personnalité... Décidée à plaire et à se montrer parfaite en tous points, elle a réussi à gagner son pari. Entourée par son mari et ses enfants, elle est enfin aimée. Cet amour, cette tendresse, soulignent le décalage avec son expérience de petite fille. Pour survivre au manque, elle avait eu besoin de lui donner un sens. Comment voir que ses parents étaient méchants ? Qu'elle ne pouvait attendre aucun secours de ceux qui étaient en charge de la protéger ? Elle avait préféré penser que les critiques étaient justifiées. Elle ne recevait pas d'amour parce qu'elle en était indigne. Quand elle découvre ce merveilleux sentiment auprès de son mari et de ses enfants, la contradiction est trop forte. En elle le conflit fait rage. Elle ne peut l'affronter... et sombre dans la dépression.

La dépression est un voile maintenu sur le conflit. Une personne en dépression est fatiguée, elle n'a plus de désirs. Toute l'énergie est utilisée à réprimer la colère qui monte. Serena se débarrassera du poids de la dépression quand elle osera lever le voile sur les mauvais traitements de son enfance. Elle pourra alors sentir sa colère, libérer son énergie vitale. Se mettre à l'écoute de ses besoins de petite fille. Entendre la souffrance et la peur en elle. Se donner enfin la permission d'être aimée pour ce qu'elle est, et non pas seulement pour ce qu'elle donne.

◊ *Vous êtes dépressif ? Regardez votre passé. Quelles blessures non guéries sont encore tapies en vous ?*

◊ *Vous ne trouvez rien dans votre passé ?*
Peut-être s'agit-il alors d'une pomme de terre chaude, d'une transmission transgénérationnelle. Construisez votre arbre généalogique. Notez dates et détails sur la vie des personnes. Et posez-vous ces quelques questions :
— Quelqu'un a-t-il traversé une dépression ? une maladie physique ? une épreuve ?
— Votre âge au moment du déclenchement de la dépression pourrait-il correspondre à celui d'un de vos ancêtres à un moment décisif de sa vie ?
— Y a-t-il des dates récurrentes ?
— Avez-vous hérité d'un schéma de tristesse ?
— Autres...

III

PEUT-ON TOUJOURS MONTRER SES SENTIMENTS DANS LE MONDE DU TRAVAIL ?

« Au travail, il faut ravaler ses émotions. »
« Montrer ses sentiments, ça peut vous faire du tort, se retourner contre vous, on ne peut pas dire ce que l'on ressent à n'importe qui. »
Et chacun d'y aller de son expérience.
Marylène raconte comment elle a pleuré abondamment devant son patron, pour ne recevoir que du mépris.
Didier relate comment il s'est emporté lors d'une réunion. Depuis, son chef ironise...

1

Émotions ou émotivité ?

Analysons de plus près les situations de la page précédente :

Marylène réagissait à une injustice. Elle a manifesté de la tristesse alors qu'elle aurait dû être en colère. Ces larmes inappropriées, ce comportement de tristesse décalé a attiré le mépris de son patron. Il aurait davantage respecté l'expression d'un sain mécontentement.

Didier, lui, dissimulait de la peur sous son courroux. Son chef avait perçu son anxiété, et vu combien il la travestissait. Le décalage entre l'émotion sous-jacente et la manifestation, excessive et déplacée, appelait le rire.

Didier émettait deux messages parallèles : j'ai peur/je suis en colère. Son interlocuteur a intuitivement perçu une discordance, mais n'a eu ni la présence d'esprit, ni probablement l'envie de lui dire : « Vous exprimez de la colère. Cependant, il semblerait que vous soyez inquiet. » Tous n'ont pas suivi des cours de grammaire émotionnelle !

Quand on émet deux messages, on met l'autre mal à l'aise. Il ne sait comment répondre. Pour ne pas être déstabilisé ou mis en échec, il va utiliser un mécanisme de défense. Projection, dévalorisation, distance, froideur, moquerie... sont autant de possibilités.

De plus, c'est une règle, **le message caché détermine l'issue de la communication.** Le chef de Didier a répondu au message caché.

En dissimulant sa peur par de la colère, Didier a posé un piège avec un appât. « Coucou, j'ai peur, et je ne veux pas que vous le voyiez. » Ce qui appelle un : « Ah, ah, ah, j'ai vu ta peur ! » Son chef a mordu à l'appât.

Didier a ainsi pu confirmer ses croyances : « Décidément je suis nul, personne ne me respecte. »

L'**hyperémotivité** n'est pas l'émotion. Agressivité en lieu et place de la peur. Angoisse remplaçant la rage. Terreurs camouflant nos colères. Cette émotivité de pacotille dissimule nos sentiments authentiques.

Les personnes émotives ont l'impression de montrer facilement — et parfois même trop — leurs émotions. En réalité, elles les répriment, les cachent derrière un rideau de fumée. Leurs cris et leurs larmes forment un brouillard destiné à vous empêcher de pénétrer dans leur intimité.

L'expression de vos émotions peut-elle vous faire du tort ?

Non, si ce sont vos émotions authentiques.

Oui, si ce sont des réactions émotives de défense, des explosions excessives et disproportionnées, des résurgences du passé, des collections de ressentiment ou des projections de votre histoire personnelle. C'est du moins mon expérience.

Les émotions réactives et fonctionnelles sont les garantes d'une véritable réussite sociale et professionnelle.

Quelqu'un qui éteint en lui tout affect aura bien du mal à s'orienter, à imposer ses choix et à avoir le sentiment de diriger sa carrière. Il aura du mal à apprendre d'un échec, à rebondir après une période de chômage. Rigide, il lui sera difficile de traverser les inévitables deuils qui ponctuent une vie professionnelle riche. Manquant d'empathie, les relations humaines lui poseront problème.

Nos émotions saines nous aident à nous adapter à la réalité, à faire les bons choix, à aller de l'avant et nous offrent les clefs d'une socialisation positive.

Reste à faire la différence entre émois sains et déplacés ! Vu notre manque de culture émotionnelle, ce n'est pas toujours facile.

En nous coupant de ces émotions saines, nous ne sommes plus que des robots obéissants. Certains peuvent imaginer que cette soumission est le rêve des patrons. Certes, il reste des dinosaures et des tyrannosaures. Dans certains secteurs, un mot de trop, une critique de la politique du patron, et vous vous retrouvez sans emploi. (Ceci dit, ne vaut-il pas mieux être sans emploi que sans vie [1] ?)

Hormis ces quelques cas dans lesquels le pouvoir personnel du patron prime sur l'intérêt général, aujourd'hui, la plupart des patrons recherchent l'efficacité. Le succès commercial est à ce prix. La compétition internationale est telle que ceux qui veulent réussir n'ont plus de temps ni d'énergie à perdre en jeux de pouvoirs. Les entreprises recherchent des collaborateurs autonomes, créatifs, responsables, à l'aise dans les relations, capables de travailler en équipe et en réseau... Tout le contraire de la discipline encore imposée dans la plupart des écoles françaises pourtant censées former nos petits à leur vie future. Pour s'insérer et réussir dans le monde du travail, les jeunes français doivent désapprendre leur excessive obéissance, leur conformisme aux attentes supposées de la hiérarchie, leur peur du jugement d'autrui.

◊ *Quelles émotions n'osez-vous pas montrer dans votre milieu professionnel ?*

◊ *Que craignez-vous si vous montrez vos émotions ?*

◊ *Vous est-il arrivé de pleurer ? Comment vos larmes ont-elles été accueillies ?*

---

1. Cette remarque ne concerne que les pays dans lesquels règne un minimum de démocratie.

Votre tristesse était-elle appropriée et fonctionnelle ? Ou s'agissait-il d'une substitution ? d'un élastique ?

◊ *Vous est-il arrivé de montrer votre fureur ? Votre colère a-t-elle été entendue et respectée ? Était-elle appropriée ?*
Si oui, était-elle exprimée sans jugement ? Avez-vous formulé clairement vos besoins ?
Si non, était-ce un élastique ? une substitution ? une collection de timbres ?...

◊ *Vous est-il arrivé de montrer de la peur ? Comment a-t-elle été accueillie ?*
Comment l'avez-vous exprimée ? Cette peur était-elle justifiée par un danger ? Ou était-ce un élastique ? une substitution ? un nœud complexe d'émotions ?
Qu'en déduisez-vous ?

◊ *Une émotion vous étreint ?*
1. Prenez le temps d'en vérifier la pertinence dans l'ici et maintenant. Si c'est une émotion du passé, il est inutile de la montrer sur votre lieu de travail.
2. Est-ce la bonne émotion ? ou une substitution ?
3. Quel en est le déclencheur ? Et la véritable cause ?
4. Quel est votre besoin ?
5. À qui voulez-vous exprimer votre émotion ? Est-ce approprié ? Est-ce le bon moment ? Cette personne est-elle disponible ?
6. Construisez vos phrases sans jugement, ni sur vous, ni sur autrui.

Vous craignez de perdre en spontanéité ? En réalité vous ne perdrez que des automatismes. Vos réactions seront ralenties pendant une courte période d'apprentissage. Puis vous gagnerez en aisance relationnelle, et découvrirez une véritable spontanéité.

2

Êtes-vous conscient de vous ?

Au travail, comme ailleurs, avoir conscience de soi donne de la solidité et de la liberté. Le concept de conscience de soi englobe la conscience de son propre corps, de ses sensations, émotions, sentiments, pensées et valeurs, la conscience de son passé et de son avenir, de sa place parmi les autres et dans le monde, des répercussions de ses actes, pensées et affects, conscience de l'interdépendance entre soi et autrui[1].

La conscience de soi, c'est tout d'abord la **conscience de son corps** et de l'impact de ses attitudes et apparences sur autrui.

◊ *Observez-vous.*
Ma marche est : rapide, légère, mesurée, lourde, lente...
Mon regard est : fuyant, appuyé, franc, yeux dans les yeux, perdu sur l'horizon...
Ma poignée de mains est : molle, inconsistante, ferme, humide, sèche, forte, broie la main de l'autre...
Mes postures : rigides, droites, avachies, souples, tendues, ouvertes, fermées...
Selon votre état émotionnel, votre humeur, selon les personnes

---

1. Pour approfondir ces dimensions, vous pouvez vous reporter à mon livre *Trouver son propre chemin*, Presses Pocket, 1992, un parcours d'exercices pour acquérir davantage de conscience de soi et donner un sens à sa vie.

que vous rencontrez, votre marche, votre regard, votre poignée de main, vos postures sont probablement différents. Repérez ces différences. Que signifient-elles ? Par votre corps vous donnez des informations aux autres sur vous.

◊ *Comment vous voient les autres ? Quelle signification peuvent-ils accorder à vos attitudes ? Est-ce cela que vous désirez transmettre ?*
— *Les autres peuvent interpréter mon regard, mes attitudes comme...*
— *Que dois-je modifier pour montrer celui que je désire être ?*

Avez-vous conscience de vos actes et de leurs motivations ?

Vous avez accepté de travailler un week-end alors que vous êtes épuisé, de plus votre famille vous réclame à grands cris. Pour quelle raison ? Pour terminer votre travail ? Non, soyez honnête avec vous-même. Votre intention profonde est de montrer à votre patron combien vous êtes consciencieux !

Nos intentions sont en général en rapport avec des enjeux psychologiques. Nombre de nos actes professionnels quotidiens n'ont qu'un lointain rapport avec une quelconque efficacité, ils sont motivés par nos besoins affectifs, et ce d'autant plus que ces derniers restent inconscients.

◊ *Considérez votre journée d'hier. Choisissez trois « gestes » (je suis allé voir le patron, j'ai annulé une réunion, j'ai travaillé sur le dossier X...).*
Dans chacun de ces actes, quelle était la motivation apparente ? La motivation profonde ? Quelle était l'intention ?
—
—
—

◊ *Aujourd'hui, observez-vous. Dans vos réponses aux autres, dans votre façon d'organiser votre journée, cherchez à écouter en vous vos motivations profondes.*

Grandissez dans la conscience de vos émotions et besoins

Écoutez vos émotions au-delà de leur surface. Vous êtes en colère contre Alfred. Qu'est-ce qui vous dérange vraiment ? Qu'il ne vous rapporte pas le dossier à la date prévue, ou que son bureau soit plus beau que le vôtre ?

Pour découvrir vos besoins, écoutez vos jugements sur autrui. Derrière un jugement, il y a toujours une émotion et un besoin. Surprenez-vous à poser des étiquettes (c'est un mou), à généraliser (il ne m'écoute jamais...), cataloguer (de toute façon, c'est un perdant), exagérer (c'est une catastrophe), minimiser (je ne vois pas où est le problème)... Ce sont des indicateurs d'émotion refoulée et de besoins peut-être non reconnus.

Vous êtes tenté de juger ou de parler sur autrui ? Recentrez-vous sur vos besoins. Gaston n'est pas *incorrect* en entrant sans frapper dans votre bureau. *Vous avez besoin* d'être prévenu de l'entrée de quelqu'un de manière à ne pas être surpris.

◊ *Évoquez une émotion récente vécue sur votre lieu de travail. Quelle était la nature de cette émotion ? Identifiez le déclencheur. Puis la cause. Quel était le besoin frustré s'il s'agissait d'une émotion inconfortable. Quel était le besoin satisfait s'il s'agissait de joie.*
— *Mon émotion :*
— *Le déclencheur :*
— *La cause :*
— *Le besoin auquel faisait écho cette émotion était :*

Nos émotions nous donnent des informations

Vous ressentez de la peur à l'idée de prendre la parole devant certains de vos collègues ? Après élucidation des élastiques possibles ou projections de votre passé, cette peur vous dit peut-être quelque chose... Votre cerveau a surpris certaines mimiques, attitudes et les a interprétées. Il a compris que ces collègues ne sont pas forcément amicaux. Écoutez votre intuition. Préparez-vous en conséquence.

Vous vous sentez en colère ? C'est de l'information. Frustration ? Manque ? Blessure ? Injustice ? Que se passe-t-il ? **Votre colère vous parle de vos besoins, de votre identité, de votre intégrité et de l'équilibre de vos relations aux autres.** Vérifiez votre entourage, analysez la situation, et agissez.

◊ *Évoquez une colère ou une peur récente. Quelles informations cette émotion vous a-t-elle fournies sur vous ? sur autrui ?*
Mon émotion de...
m'a dit sur moi :
m'a dit sur autrui :

Avez-vous conscience de vos objectifs ?

Il ne suffit pas de savoir qui l'on est et d'où l'on vient. Savez-vous où vous allez à chaque instant ?

Chaque seconde qui passe, chaque acte que vous posez, chaque parole prononcée, vous mènent vers celui que vous allez devenir. **Êtes-vous conscient de votre route ?**

◊ *Aujourd'hui, décidez de stopper votre activité pendant trois secondes, toutes les deux heures. Quoi que vous soyez en train de faire, interrompez-vous et observez. Prenez conscience de vos actes et paroles. Vont-ils dans le sens de vos objectifs à court, moyen ou long terme ? Quelle est leur intention ? Sont-ils en accord avec vos valeurs et objectifs de vie ?*

3

La joie indique le chemin

◊ *Éprouvez-vous de la joie dans votre travail ?*
☐ *Oui : vous êtes en accord avec vous-même.*
☐ *Non : vous êtes probablement en désaccord avec vous-même.*

Le sentiment de joie parle d'accomplissement, de réussite, mais aussi, et surtout de cohérence. La joie est une émotion profonde. Bien au-delà du plaisir, elle nous indique notre route. **Dès que nous nous écartons du chemin, la joie s'éteint.**

L'absence de joie est un symptôme de manque, d'insatisfaction, d'expression bridée, d'isolement, d'inaccomplissement, de mensonge, de fausse route.

Quand votre vie s'exprime pleinement, la joie est au rendez-vous. Contrairement à un *a priori* qui voudrait que nous rêvions tous de tranquillité, il y a davantage de joie dans l'effort que dans le repos. Sauter des obstacles, parcourir de grandes distances, exercer ses muscles et ses compétences, développer son potentiel, accomplir, réaliser sont des sources de joie.

Même quand la route est semée d'embûches, si c'est la bonne, une joie profonde nous accompagne. La joie exprime l'adéquation du chemin pris avec le sens de sa vie.

Ne suivez ni la voie de la facilité, ni celle du plaisir immédiat, mais suivez la joie véritable. Ce sera votre meilleur guide pour être certain de vivre votre vie.

La joie est aussi l'émotion de la rencontre et du partage. On est plus heureux dans une entreprise où la coopération domine sur la compétition interne, dans une société où les gens se parlent, se sentent en lien les uns avec les autres. Le sentiment d'appartenance nourrit les émotions de joie.

> ◊ *Vous manquez de joie ?*
> *Seriez-vous seul, sans attaches, sans liens profonds autour de vous ?*
> *Faites-vous partie d'une équipe ? Avez-vous confiance en ses membres ?*
> *Quelles sont les dimensions inexploitées de votre personnalité ou de vos talents ?*
>
> ◊ *Votre vie manquerait-elle de sens, de direction ?*
> *Auriez-vous le sentiment de faire des choses contraires à vos valeurs ?*
> *Avez-vous le sentiment de vous exprimer pleinement dans votre métier ?*
> *Avez-vous suffisamment de liberté, d'autonomie, de responsabilités pour avoir l'occasion de mettre en jeu vos compétences ?*

La joie se trouve dans l'accomplissement de soi, dans l'incarnation au quotidien de ses valeurs profondes, dans la réussite de ses aspirations.

Il n'y a pas de joie dans la contrainte.

L'autonomie est une gratification plus importante que toutes les augmentations de salaire (sauf pour les personnes manquant de sécurité intérieure et inhibées par trop de peurs).

> ◊ *Le métier que vous exercez est-il vraiment le vôtre ? L'avez-vous réellement choisi ? Comment ?*
> *Avez-vous l'impression d'être libre d'exercer vos talents et de choisir la profession qui vous convient ? Ou avez-vous le sentiment d'être emprisonné dans cette fonction qui est la vôtre aujourd'hui ?*

Le sentiment de liberté est un ingrédient fondamental de la joie.

4

Êtes-vous ambitieux ?

L'ambition est inséparable de la joie. Elle nécessite d'avoir guéri des peurs et de la honte. Elle est la projection naturelle de votre personnalité dans un projet.

> ◊ *Restaurez votre image de vous-même.*
> *Regardez-vous dans un miroir. Sans vous juger !*
> *— « Je m'aime. »*
> *Au début c'est étrange, mais continuez. Chaque jour un petit peu. Jusqu'à ce que vous soyez surpris par un réel sentiment d'amour envers vous.*

La plupart des compétences humaines peuvent s'acquérir. Vous ne deviendrez peut-être pas danseur étoile ou calculateur prodige, mais tout le monde peut apprendre à danser en rythme et à calculer. Il suffit de posséder quelques clefs que les enseignants ne mettent pas toujours à disposition de leurs élèves, parce qu'ils ne les connaissent pas !

Ne vous désespérez pas si vous n'avez pas appris grand-chose à l'école. Cela ne signifie pas que vous n'ayez pas l'intelligence requise pour vous approprier le programme. Peut-être un nœud affectif vous a-t-il empêché d'apprendre, un interdit familial, ou encore vos professeurs n'ont pas su partager avec vous leurs stratégies d'apprentissage ou vous intéresser à leurs discours.

Je me souviendrai toujours du regard lumineux de Gérard qui, lors d'un stage, a appris à se souvenir des patronymes de ses interlocuteurs. « Je suis incapable de mémoriser des noms » était comme une définition incontournable de sa personnalité. À plus de quarante ans, il souffrait de ce handicap dans son travail, mais il croyait « être comme ça ». On ne lui avait jamais enseigné la méthode à employer. Il ne savait pas se mettre en projet de réutilisation de l'item à mémoriser, utiliser le registre visuel en évoquant une image mentale, et opérer des associations d'idées signifiantes. Ces quelques informations lui ont ouvert un nouveau monde.

Si vous ne savez pas faire quelque chose, si vous échouez systématiquement là où d'autres réussissent, ne croyez jamais en une quelconque déficience cérébrale ! Cherchez la personne qui saura vous apporter les éclairages dont vous avez besoin pour réussir. L'information existe, quelque part.

Nombre de gens hésitent à se lancer dans une aventure en invoquant leur manque de capacité. C'est oublier qu'une capacité est un aboutissement, pas un départ. Toute compétence s'acquiert par l'exercice. Vous pouvez décider de devenir capable. Vous avez alors besoin de clefs, d'informations, de modèles, et d'expérience.

Permettez à vos rêves de nourrir votre ambition. Ne laissez pas vos croyances la limiter. Si chaque pas vous rapproche de votre idéal, les marches seront plus faciles à gravir. Sans idéal pour vous soutenir, les marches vous paraîtront souvent trop hautes !

◊ *Sans vous freiner par ce que vous croyez possible ou non, osez visualiser votre idéal. Puis identifiez un premier palier vers cet idéal. Ce sera votre objectif pour les prochains mois.*
*Voyez celui que vous **désirez** devenir*[1].

---

1. Pour vous accompagner j'ai enregistré des cassettes de relaxation-visualisation. Vous pouvez utiliser notamment la cassette intitulée : *Rencontrez votre futur*. Et dans la collection *Trouver son propre chemin* : « La Représentation de l'idéal ».

— Mon objectif est :
— Je désire devenir :

Il ne s'agit pas tant de vous fixer un but extérieur (gagner tant, avoir telle responsabilité, travailler dans telle entreprise...) que de vous engager vers un but intérieur. **Quel genre de personne voulez-vous devenir ?**
Votre personne extérieure est une conséquence de votre être intérieur. Ne confondez pas les attributs avec l'être.

◊ *Observez votre comportement actuel, vos pensées.*

Vous devenez chaque jour celui que voulez devenir... ou un autre. Choisissez vos comportements en fonction de la route que vous désirez suivre.
— Divisez votre objectif en petits buts réalistes.
— Congratulez-vous à chaque but atteint.

Mon objectif est :
Pour l'atteindre je précise au moins cinq étapes/petits buts réalistes :
—
—
—
—

Dès que j'ai atteint un but, je me congratule.

Donnez-vous les moyens de réaliser vos objectifs.

◊ *Pour atteindre mes objectifs, j'ai besoin d'améliorer :*
☐ *ma mémoire*
☐ *mon organisation*
☐ *ma rapidité de décision*
☐ *mon contact humain*
☐ *mon orthographe*
☐ *mon attention aux autres*

- ☐ *mon anglais*
- ☐ *ma créativité*
- ☐ *ma confiance en moi*
- ☐ *...*

Oui, toutes ces choses s'apprennent !

5

Faire face aux situations difficiles

Vous n'avez pas envie de faire un travail, vous prenez conscience du retard que vous accumulez sur un dossier, vous vous laissez aller à une procrastination[1] inhabituelle, vous n'arrivez pas à décrocher votre téléphone pour appeler un fournisseur ou un client, vous sentez combien vous manquez de motivation sur un projet qui pourtant aurait dû vous séduire ?

Ces comportements sont des indices d'émotion refoulée.

Seriez-vous en colère contre quelque chose ou quelqu'un ? Chercheriez-vous à punir cette personne en faisant la grève du zèle ? Peut-être êtes-vous empêché de travailler par quelque chose qui vous reste en travers de la gorge ?

Ou s'agit-il de peurs ?

De quoi pourriez-vous avoir peur ? Du jugement, de ne pas être à la hauteur, de réussir et ainsi dépasser votre père ?

Faites le tri, observez vos tendances à exagérer, les élastiques liés à votre histoire. Vos collègues ont-ils réellement une mauvaise image de vous ? Ou bien est-ce une projection de votre passé ?

---

1. Tendance à remettre au lendemain.

◊ Prenez conscience d'un comportement de résistance... Identifiez les émotions et les pensées qui motivent cette attitude.
Si votre petite voix intérieure vous dit que ce n'est tout simplement pas votre route, écoutez-la ! Posez-vous authentiquement cette question : « Qu'est-ce qui m'oblige à faire ce qui ne me convient pas ? »
Si votre petite voix intérieure vous confirme que c'est votre route, que vos résistances indiquent des émotions refoulées qui font barrage, identifiez ces émotions. Allez dire vos colères, élucidez vos peurs, réparez en vous ce qui peut en avoir besoin (si nécessaire, voir exercice « la guérison de l'enfant intérieur », p. 269).

◊ Une fois vos peurs élucidées, vos colères dites, prenez un temps de calme intérieur. Respirez tranquillement, profondément. Fermez les yeux. Vous allez projeter un film sur votre écran intérieur :
Voyez tout d'abord votre situation actuelle pendant quelques instants. Puis, projetez-vous dans l'avenir, et voyez-vous ayant réussi. Regardez, touchez, écoutez, sentez, goûtez mentalement votre réussite. Éprouvez les sentiments que vous éprouverez lorsque vous aurez atteint votre objectif.
Empli de ces sentiments de joie, fierté et succès, revenez au jour d'aujourd'hui et visualisez la séquence des actions qui vous mèneront jusqu'au résultat positif.
Respirez pleinement, vous êtes prêt.

Pour vous préparer concrètement à faire face à une situation complexe, bougez ! Faites circuler votre sang pour apporter à vos cellules les nutriments et l'oxygène dont elles ont besoin. Sautillez, boxez dans l'air, avant d'aller à la rencontre d'un client difficile, de négocier une grosse affaire, d'entrer dans le bureau du patron ou du collègue qui vous intimide.

Pour guérir d'un échec, d'une épreuve douloureuse, du sentiment d'avoir accumulé des erreurs, revoyez toutes les étapes traversées. Retrouvez les émotions ressenties, elles vous donneront les clefs de votre échec. Faites le tri. Étaient-ce des émotions justes que vous n'avez pas su ou pas pu exprimer ? Ou bien des élastiques, collections de timbres, substitutions ou autres pommes de terre chaudes ?

Projets avortés, ou au contraire réussites exceptionnelles, déménagements en province, délocalisation vers l'étranger... La vie est mouvement et nous entraîne parfois dans ses turbulences. Pour ne pas sombrer, physiquement dans la maladie, ou psychiquement, nous devons savoir négocier les virages.

Si la vie coule parfois comme un fleuve tranquille, à maints tournants, elle se mue en torrent, chutes ou sables mouvants.

Même heureux, un changement occasionne une réaction de stress de l'organisme. Pour que le stress ne soit pas synonyme d'usure et de tension permanente, il est important de reconnaître ses émotions et leur permettre de s'exprimer. C'est un atout de santé tant physique que psychique.

> ◊ *Évoquez un changement important dans votre vie, et repérez les phases traversées.*
> — *Quelles ont été vos peurs ? Comment se sont-elles manifestées ? Qu'avez-vous fait ? Parmi ces peurs certaines étaient justifiées, d'autres étaient issues de votre histoire. Les avez-vous reconnues ? acceptées ? traversées ? ou les avez-vous refoulées ?*
> — *Avez-vous rencontré de la colère ? Comment et à qui l'avez-vous exprimée ? Était-ce approprié ?*
> — *Le changement a-t-il été suivi d'une période de tristesse, de fatigue ou de découragement ? Avez-vous reconnu et accepté cette période de digestion ?*
>
> ◊ *Que s'est-il passé dans l'année qui a suivi ?*
> *Et le jour anniversaire ?*

6

Les relations d'équipe

Des individus qui s'expriment forment une équipe saine. Quand les sentiments restent non-dits, frustrations, haines, rancunes se développent. Jalousies et peurs s'épanouissent. Les jeux de pouvoir fleurissent.

Les non-dits sont source de dysfonctionnements. Pour éviter les jeux de pouvoir, il s'agit de garantir à chacun suffisamment de sécurité, de confiance et de communication. Instaurer le climat de sécurité et confiance, c'est le rôle du cadre. Cela fait aussi partie de la responsabilité de n'importe quel membre de l'équipe : vous par exemple !

D'une manière générale, prendre la responsabilité de ce que nous vivons nous mène sur la route du bonheur plus sûrement que la passivité. **Osez être important.** Utilisez les nœuds relationnels et les situations désastreuses que vous rencontrez pour exercer et développer vos talents en communication (cela dit, parfois, la bonne solution est d'avoir le cran de changer de service, de société ou de métier).

Un climat de sécurité se construit sur la base du non-jugement. Le jugement est un mécanisme de protection contre une émotion. C'est une barrière que nous mettons entre nous et l'autre pour ne pas ressentir. **Derrière un jugement, il y a toujours une blessure, une frustration ou un**

malaise. Cette conception va changer votre vécu des jugements d'autrui sur vous, mais aussi vous permettre de poser un autre éclairage sur vos propres jugements.

La confiance mutuelle s'obtient par :
1. l'expression authentique de soi
2. la valorisation des compétences et de la personnalité d'autrui
3. l'empathie et le respect des sentiments d'autrui
4. l'élucidation des malentendus et la réparation des blessures éventuelles.

◊ *Êtes-vous authentique avec vos collègues ?*
Osez-vous partager vos peurs, vos désirs, vos frustrations, dire vos colères ?

◊ *Savez-vous valoriser autrui ?*
Pensez à trois de vos collègues, quels compliments pourriez-vous leur faire ?
—
—
—

◊ *Et maintenant allez-y ! Pas besoin d'attendre une occasion spéciale. En croisant un collègue dans un couloir, vous pouvez l'arrêter et lui dire :*
« Je profite de cette rencontre pour te dire combien j'ai apprécié ton intervention lors de la réunion l'autre jour. C'était très clair et précis. Bonne journée. »

Faites preuve d'empathie. Sachez aller au-delà des comportements apparents pour décoder une émotion chez vos collègues.

Souvent les personnes n'ont pas conscience du ton qu'ils emploient (vous non plus, du reste). Quand on a de la colère en soi, on peut prendre un ton dur, intransigeant. La rage, la frustration, les émotions refoulées provoquent des tensions dans la voix. Inutile d'hyper-réagir ! Aidez plutôt votre collègue à prendre conscience de la colère qui l'anime.

Clarifiez toujours les malentendus.

> ◊ *Vous avez des difficultés avec un collègue :*
> *Trouvez-lui trois qualités :*
> —
> —
> —

Quelqu'un vous a blessé ? Osez le lui dire.

Il est utile toutefois de savoir que personne n'aime sentir qu'il a pu faire mal. Et donc, confronté à ce sentiment douloureux, certains préféreront nier : « Oh tu m'embêtes, tu prends vraiment la mouche pour un rien, tu exagères... » Maintenez votre point de vue, mais passez en position d'écoute. Que s'est-il passé en lui pour qu'il vous blesse ainsi ?

Si, au contraire, c'est vous qui avez heurté un collègue, faites le premier pas, présentez-lui vos excuses. Même si vous n'avez pas eu conscience de le blesser, en observant son retrait de la relation, ou son air renfrogné, vous pouvez en déduire que quelque chose s'est passé pour lui. Allez à sa rencontre.

« Hier, je me suis emporté, tu as pu te sentir blessé par mes paroles, excuse-moi de ce que j'ai dit. »

Si le collègue vous accuse : « Tu joues vraiment au petit chef. » Même si vous n'avez pas conscience d'avoir été blessant, ne prenez pas l'accusation en plein ventre, inutile de vous justifier ou de parler de vous. Tentez de décoder *ses* sentiments :

« Tu es en colère contre moi parce que je t'ai dit... »

Préférant continuer de nier ses sentiments, la personne pourra poursuivre ses accusations :

« Non, j'ai trouvé que tu étais dure. »

Tenez bon :

« C'est ton opinion et qu'as-tu ressenti ?

— Je ne sais pas, j'ai senti, j'ai senti, tu me détestes, c'est tout. »

Est-ce un sentiment ? Non, c'est une pensée, ne vous laissez pas manipuler :

« Ça, c'est ce que tu *penses* que j'ai dans la tête. Qu'est-ce que toi, tu as ressenti ?

— Je me suis senti blessé, et puis en colère que tu me parles comme ça. »

Enfin ! C'est seulement maintenant que vous pouvez accepter le message. Il parle de son ressenti et ne vous accuse plus. Il vous donne des informations sur la façon dont il a reçu vos paroles. Il ne définit plus vos intentions. Vous allez pouvoir les lui formuler. Mais tout d'abord manifestez-lui votre compréhension :

« Quand je t'ai parlé hier, tu t'es senti blessé et en colère. Oui, je peux le comprendre. »

Ensuite seulement vous pouvez lui exprimer votre point de vue, car il peut vous entendre. Tant que son émotion n'était pas accueillie, toute explication, justification de votre part ne pouvait avoir sa place.

« Je n'ai pas voulu te blesser, en fait j'étais mal à l'aise pour te dire ces choses, alors je les ai exprimées un peu brutalement. Je comprends que tu aies pu interpréter cela comme une agression. Mais en fait c'était tout le contraire. J'avais peur de te dire les choses depuis quelques jours. Là, c'est enfin sorti. La manière n'y était pas, c'est vrai. »

◊ *Pensez aux collègues qui vous énervent... Trouvez trois exemples de comportements systématiques qui vous portent sur les nerfs... Tentez de décoder.*
1. Regardez en vous : quels élastiques cette personne fait vibrer en vous ? Quels éléments de votre histoire rappelle-t-elle ?
2. Observez ce collègue et tentez de comprendre le besoin qu'il cache derrière son comportement « énervant ».

◊ *Déjeunez avec ce collègue en difficulté et invitez-le à en parler :*
— « On dirait qu'il y a quelque chose qui ne te convient pas au bureau, tu es tout le temps nerveux... »

— « *Quand tu fais... je me sens énervé et je ne sais pas comment réagir, j'aimerais que nous en parlions. Qu'est-ce qui se passe pour toi quand tu fais cela ?* »

◊ *Tentez de l'aider à vous confier son mécontentement, ses manques, ses frustrations, ses déceptions. Attention, vous ne jouez pas au psy, vous ne posez pas de questions sur sa petite enfance ! Restez dans le cadre du travail. Écoutez simplement, sans jugement. Vous serez étonné de voir l'impact de ces quelques minutes que vous lui consacrerez.* **Tout le monde a besoin d'être écouté.**

Un excès de pessimisme, le doute constant, la plainte, le colportage de mauvaises nouvelles, la perpétuelle insatisfaction, signent une collection de timbres en cours. Quand les choses ne peuvent être dites, les griefs s'accumulent...

Un sentiment non exprimé se déguise vite en comportements désagréables qui altèrent la vie de l'équipe.

Justin n'a pas obtenu la promotion qu'il attendait. Il est furieux. Mais il n'ose pas le dire. Il est plus ou moins conscient de ses difficultés relationnelles et des raisons pour lesquelles il n'a pas été choisi pour le poste. Il ne se sent pas en position de se plaindre. Sa rage se déplace vers d'autres victimes. Il lance des piques à la collègue qui partage son bureau. Profite de la moindre occasion pour culpabiliser sa secrétaire. Vous lui parlez d'un collègue ? Il critique.

Dans le même genre de circonstances, Florence fait courir des ragots sur ses collègues. Kapinga oublie des dossiers. Liliane s'enferme dans le silence. Chedly se montre d'une grande susceptibilité. Laurence accumule les négligences. Mélusine s'efface.

◊ *Quand vous êtes en colère sans pouvoir le dire, êtes-vous tenté de :*
☐ *culpabiliser les autres ?*
☐ *critiquer ?*
☐ *colporter des ragots ?*
☐ *rester en silence ?*

☐ *oublier des informations, des messages, des dossiers, des tâches... ?*
☐ *faire preuve de négligence ?*
☐ *montrer une susceptibilité exacerbée ?*
☐ *vous effacer ?*
☐ *autre ?*
Quelle est votre stratégie pour « dire » votre mécontentement ?

◊ *Vous êtes en colère ? Quelle est la nature de votre insatisfaction ?*
Est-elle vraiment liée à l'attitude d'un collègue, à un événement au bureau, ou est-ce un déplacement d'une frustration plus profonde ?
Qu'est-ce que vous n'osez pas dire ?

Une extrême gentillesse couvre parfois de l'agressivité indirecte. Quand Géraldine côtoie André, collègue d'un autre service, elle est tout sourire, et se montre excessivement gentille à son égard. André est content, mais il se sent vaguement gêné. C'est trop. En fait, Géraldine tente ainsi de contenir l'agressivité qu'elle ressent à son égard. Jamais elle n'osera lui dire combien elle s'est sentie humiliée quand il a émis une réflexion blessante. Pour ne pas prendre le risque d'une discussion avec André, elle doit ravaler sa rage. En souriant à André, d'une part, elle désamorce tout risque de nouvelle remarque blessante. D'autre part, elle contrôle intérieurement sa colère.

◊ *Prenez la décision d'aller « mettre les pendules à l'heure » avec une personne de votre entourage.*

7

Les quatre verbes de la relation

Une relation équilibrée nécessite une harmonie entre quatre verbes : donner, recevoir, demander, refuser. Savoir donner sans savoir refuser, c'est être un peu poire et risquer de ne pas être considéré. Savoir recevoir sans donner vous expose à être taxé d'égoïsme. Savoir donner sans vouloir recevoir déséquilibre les relations.

◊ *Observez-vous, cochez dans les phrases qui suivent celles qui vous correspondent et repérez vos propres façons de donner, recevoir, demander, refuser.*

Je sais donner :
☐ *je fais régulièrement des compliments*
☐ *j'apporte mon aide quand un collègue le demande*
☐ *je réponds aux questions*
☐ *je propose facilement à mes collègues d'aller manger ensemble*
☐ *je partage*
☐ *...*
☐ *...*
☐ *...*

Je sais recevoir :
- ☐ *des compliments*
- ☐ *des critiques*
- ☐ *de l'aide*
- ☐ *un refus*
- ☐ *écouter les sentiments des autres*
- ☐ *...*
- ☐ *...*
- ☐ *...*

Je sais demander :
- ☐ *un service*
- ☐ *un feed-back*[1]
- ☐ *un café*
- ☐ *de l'aide*
- ☐ *de l'écoute*
- ☐ *...*
- ☐ *...*
- ☐ *...*

Je sais refuser :
- ☐ *d'aider*
- ☐ *de faire ce qui ne me convient pas*
- ☐ *un café*
- ☐ *la fumée des autres*
- ☐ *une critique injuste*
- ☐ *...*
- ☐ *...*
- ☐ *...*

J'ai besoin d'apprendre à...
- ☐ *...*
- ☐ *...*
- ☐ *...*

Pour cela, aujourd'hui, je vais...

---

1. Commentaire en retour.

8

L'expression juste de la colère

Quand on n'ose pas dire les choses clairement, quand on a peur de l'affrontement, quand on pratique l'évitement systématique des conflits, ces derniers ne sont jamais résolus. Il est fondamental d'oser dire. Même de petites choses apparemment sans importance. Quand elles s'accumulent, elles deviennent de gros nœuds relationnels impossibles à dénouer.

◊ *Savez-vous vous manifester quand on envahit votre espace ? Notez vos réactions dans les situations suivantes :*
— Un de vos collègues fume ostensiblement dans votre bureau alors que vous lui avez demandé de ne pas le faire...
— Vous avez du mal à vous concentrer sur vos dossiers. Votre collègue de bureau pollue votre espace sonore en discutant bruyamment au téléphone...

◊ *De manière plus générale, quelle est votre réaction habituelle...*
— face à la frustration ?
— devant une injustice ?
— quand vous êtes blessé ?
— quand votre territoire est envahi ?

Quand vous éprouvez de la colère, vérifiez tout d'abord sa pertinence. Y a-t-il frustration ? injustice ? blessure ? invasion ? violation ? Sinon, décodez l'émotion sous-jacente.

L'intensité de votre émotion est-elle proportionnelle à la situation d'aujourd'hui ? Sinon, repérez l'élastique qui l'active, ou identifiez votre collection de timbres.

Votre colère est justifiée, proportionnée et adaptée à la situation ? Il est approprié de l'exprimer à la personne concernée.

Vous ne pouvez pas l'exprimer ? (Il s'agit d'une personne en situation de pouvoir sur vous, d'une administration, d'une personne décédée, partie au bout du monde...) Ou bien votre colère est justifiée mais vous avez peur de devenir violent, l'émotion est excessive... vous avez besoin de libérer physiquement l'excès de rage pour pouvoir dire ou gérer votre colère.

Installez-vous à genou face à un coussin. Vous pouvez frapper poings fermés votre « coussin de colère ». Vous pouvez aussi rouler une serviette bien serré de manière à pouvoir l'utiliser comme un gourdin. Ou encore utiliser une raquette de tennis. Frappez le coussin à l'aide de votre gourdin ou de vos poings, en criant. Vous avez le droit d'insulter un tas de plumes ou un morceau de polyester ! Libérez-vous, vous serez d'autant plus puissant face à celui qui vous a offensé. Vous pouvez aussi déchirer un magazine ou une pile de papiers, déchiqueter un vieux coussin, ou piétiner coussin ou matelas.

Vient ensuite le temps de la confrontation, le moment d'exprimer à celui qui a suscité votre courroux, l'objet de ce dernier.

Construisez votre phrase suivant ce cadre[1] : Faits / ressenti / besoin / demande / motivation

---

1. Cette phrase a été développée par Marshall Rosenberg. Vous en trouverez l'analyse et de multiples exemples d'utilisation dans son livre *Les mots sont des fenêtres (ou des murs)*.

Quand tu... (comportement spécifique de l'autre)
je ressens... (votre émotion ou sentiment)
parce que... (votre besoin)
et je te demande de... (nouveau comportement en réparation de la blessure, ici et maintenant)
de manière à ce que... (motivation pour l'autre)

Prendre la responsabilité de ses émotions, c'est oser découvrir le besoin caché derrière. **Si vous ressentez de la colère, ce n'est pas parce que l'autre a eu tel ou tel comportement, mais parce qu'un de vos besoins a été frustré, une de vos attentes déçue. Exprimer votre besoin sera toujours plus efficace que critiquer l'attitude de l'autre.** De plus, cela vous oblige à entrer en contact avec vous-même. Observez la différence entre :

« Tu es vraiment un bon à rien, c'était pourtant simple ! » et « Quand je constate que tu n'as pas fait le travail que je t'ai demandé, je suis furieux parce que j'avais besoin de ces informations pour rédiger le document de synthèse. »

« Ça va pas non de rentrer chez les gens comme ça, tu te crois où ? » et « Quand tu entres dans mon bureau sans frapper, je suis surpris et énervé, parce que j'ai besoin de temps pour passer d'une activité à une autre. Je te demande de comprendre que j'ai besoin d'être prévenu de ton entrée de manière à ce que je sois vraiment disponible pour toi quand tu entres. »

« Tu te fiches de moi, qu'est-ce que c'est que ce travail ! Tu me le refais immédiatement ! » et « Le rapport que tu m'as remis contient des erreurs (nommer les erreurs). Je suis furieux. J'ai besoin de ce rapport pour présenter mon projet au boss cet après-midi. Je te demande de comprendre à quel point les informations que tu me prépares sont importantes pour moi dans ma présentation. Que peux-tu faire, que peut-on faire pour que j'aie tout à 14 heures et que j'aie envie d'aller boire un verre avec toi après la réunion ? »

Votre interlocuteur ne recevra pas votre colère avec le sourire. Vous le confrontez à ses erreurs et manquements. Il est interpellé dans sa responsabilité. Ce n'est jamais agréable. Mais il n'est pas humilié par les termes employés. En prononçant des jugements définitifs comme « c'est nul » ou pis « tu es nul », vous bloquez toute possibilité de progrès. Ceci dit, même si vous formulez avec beaucoup de respect vos phrases, la réaction de l'autre lui appartient. Il peut avoir quelques élastiques accrochés et déclencher le plan ORSEC/dévalorisation express alors même qu'il n'y a pas d'accusation dans vos propos.

Une critique doit s'appuyer sur un climat de confiance. Avant de vous permettre de faire une remarque négative à un collègue, un collaborateur ou votre chef, prenez la précaution de l'assurer de votre estime. Quand vous engagez un nouveau collaborateur, votre première tâche est de le surveiller attentivement et de le surprendre à faire bien... de manière à pouvoir lui formuler quelques appréciations positives qui installeront la relation. La confiance ne viendra pas de vos appréciations, elle est principalement issue du sentiment d'avoir du pouvoir dans son travail, de réussir bien entendu, mais aussi de jouir d'une certaine autonomie.

◊ *Évoquez trois colères récentes contre des collègues... Quel besoin frustré a déclenché votre émotion ?*
1.
2.
3.

◊ *Après avoir bien séparé votre part de responsabilité, construisez une phrase de confrontation pour l'une de ces personnes :*
« Quand je constate que vous avez changé l'orientation du projet sans m'en parler, je suis en colère parce que j'ai travaillé pendant quinze jours sur le sujet. Et je vous demande de terminer ce dossier avant de passer au suivant de manière à ce que je reste motivée. »

*Quand tu...
j'ai ressenti...
parce que je...
et je te demande de...
de manière à ce que...*

Personne n'est parfait, il peut vous arriver de laisser votre bouche prononcer jugements ou dévalorisations, aurez-vous le courage et la dignité de vous en excuser ?

9

Vos relations avec la hiérarchie

◊ *Quelle est votre propension à l'obéissance ? Rappelez-vous la dernière fois que vous avez remis en cause votre supérieur hiérarchique :*

Quand un achat de crayons ou de papier toilette nécessite de remplir un formulaire en six exemplaires, que ledit formulaire va devoir transiter sur cinq bureaux successifs avant de recevoir le OK final, avec tous les risques de se voir enseveli sous une pile de dossiers plus urgents, l'entreprise est paralysée. Notre société va trop vite pour se satisfaire de tels délais. Les clients veulent des réponses dans l'heure. Ce « respect » aveugle de la hiérarchie alourdit inutilement les procédures. Je mets des guillemets, parce que cette soumission me paraît davantage inspirée par la peur que par un véritable respect qui est attention à autrui.

De plus l'obéissance, de rigueur dans un tel système, engendre une passivité encombrante. Elle tue esprit d'initiative et créativité. La hiérarchie n'est pas la seule organisation possible. Structures modulaires, réseaux de compétences... Les entreprises commencent à chercher des alternatives plus efficaces. Mais la volonté de changement se heurte parfois à de puissants blocages. Quand on a été éduqué à l'obéissance, il n'est guère facile de devenir autonome du jour au lendemain. Le secours d'un tiers est alors bienvenu.

Ainsi, la direction d'un grand hôtel m'a demandé de « démocratiser » son service de restauration. La mission consistait à redonner de l'autonomie à des gens trop soumis. L'ambiance du service était désastreuse. Le directeur, vécu comme un dictateur qu'il n'était pas, voyait échouer toutes ses tentatives de mise en place de réunions efficaces. Chacun accusait l'autre des dysfonctionnements. Il fallait trois mois pour obtenir une petite cuillère ou le remplacement d'une vitre cassée. En bout de chaîne, les clients en pâtissaient. Tout le monde faisait pourtant son travail ! Mais en suivant les ordres et en ne prenant aucune initiative. Ultime perversion du système : lorsque le directeur mangeait au restaurant, serveurs et chef de rang l'entouraient de tous leurs soins... les « vrais » clients pouvaient attendre !

Le secteur de la restauration est traditionnellement hyper hiérarchisé. Chefs, sous-chefs, l'autoritarisme est fréquent. Mais ce qui fonctionnait hier n'est plus de mise. La soumission à l'autorité peut être avantageusement remplacée par l'autonomie ; et **la responsabilité individuelle est, dans une équipe, un facteur plus cohésif que l'obéissance.**

Objectif premier de la formation : permettre à chacun de retrouver confiance en lui. Puis, dans une ambiance sécurisante (sans jugement) les stagiaires ont appris à s'écouter, à oser dire, à oser penser, exprimer leurs colères et faire tomber leur peur paralysante des représailles.

J'interviens aussi fréquemment dans les hôpitaux. La soumission à l'autorité est là aussi à l'origine d'une bonne part du stress des soignants, et à la source de nombreux dysfonctionnements que payent directement les malades, et indirectement les contribuables.

Combien d'infirmières osent remettre en cause la prescription d'un médecin alors qu'elle leur paraît inadaptée ou excessive ? À peine soufflent-elles un « vous êtes sûr, M. Untel est faible, vous savez... », le docteur hausse les épaules et elles obtempèrent. Si par malchance le malade succombe à son traitement, elles en parlent parfois dans leur couple, à leurs collègues, mais rarement au médecin. Elles portent longtemps la culpabilité, et le poids du mensonge fait à la famille du malade.

Discuter les traitements fait pourtant partie de leur rôle. Elles sont au chevet du malade bien davantage que le médecin et donc plus à même de suivre de près l'évolution globale du patient.

La vie d'Alexandra a été sauvée par Nouara, une infirmière de nuit qui a osé braver l'avis du médecin-chef. La prescription lui a paru excessive. Elle a refusé de réaliser l'injection. En l'absence du médecin prescripteur, elle a déniché un interne. Ce dernier a tout d'abord refusé de remettre en cause l'avis de son chef de service. Devant l'insistance de Nouara, il a examiné le dossier d'Alexandra de plus près. Et s'est rendu à l'évidence. Le traitement proposé s'avérait dangereux et les doses prescrites étaient mortelles. Personne n'est à l'abri d'une erreur.

La soumission aveugle à l'autorité est un fait si établi qu'on peut, lors d'un stage, me faire des demandes telles que : « Comment faire passer à mon équipe un message avec lequel je ne suis pas d'accord ? »

Osez être vous-même. Dites ce que vous pensez — sans jugement ! À condition d'utiliser un vocabulaire respectueux d'autrui, vous serez respecté. Vous-même vous respecterez davantage. Vous ne resterez peut-être pas longtemps dans une entreprise totalitaire, dirigée par un patron imbu de son pouvoir. Ce type de brontosaure n'apprécie que la flatterie. Mais voulez-vous vraiment travailler pour ce genre de personne ? En acceptant de vous taire et de vous soumettre, vous cautionnez son pouvoir. Vous vous faites complice !

Dans une entreprise saine, qui devient le second du patron ? Celui qui dit toujours oui, qui fait ce qu'on lui dit sans piper mot ? ou bien celui qui ose dire non, qui offre son point de vue, qui réfléchit, qui ose énoncer des divergences de point de vue et dénoncer les dysfonctionnements ?

Sonia, jeune comptable dans une petite société, n'osait

rien dire sur les dépenses de son patron. Encouragée par ce dernier à prendre de l'assurance, quand il a offert à un salarié une importante avance, elle a pris son courage à deux mains et a affirmé : « Je m'y oppose, l'état de la trésorerie ne permet pas cette sortie d'argent. À partir du 4 du mois prochain, ce sera possible, mais pas avant. » Son patron s'est tourné vers elle. « Merci, voilà ce que j'attends de vous. Vous connaissez notre trésorerie mieux que moi, vous êtes dans votre fonction quand vous me signalez ce genre de choses. »

Devenez un interlocuteur valable, un collaborateur indispensable, c'est une meilleure assurance contre le chômage que la soumission et la peur. Le patron peut vous traiter de caractériel, mais il vous estimera.

Lors d'une réunion, Paul propose à son directeur de faire des photocopies du document de synthèse que ce dernier a rédigé de manière à ce que tous aient le papier sous les yeux. Le directeur refuse avec un brin d'agressivité. Paul ne comprend pas. Ayant quelques restes de doute concernant son estime de lui-même, il se sent blessé. Il interprète le geste comme un manque de confiance à son égard. Il se renferme et ne dit plus un mot.

Quelques temps plus tard, et en privé, le directeur demande à Paul de l'excuser. Il lui confie les raisons de son agressivité. Très mauvais en orthographe, il ne voulait tout simplement pas prendre le risque qu'on se moque de lui !

Chacun ne parle jamais que de lui !

Faites preuve d'empathie à l'égard de ceux qui ont des réactions excessives, même si ce sont vos supérieurs :

L'empathie est toujours une meilleure voie que la susceptibilité !

Avant de s'opposer, il est utile d'installer la confiance dans la relation. Les chefs sont des humains, ils ont besoin de reconnaissance tout autant que vous. Valorisez-les (sans passer la brosse à reluire), faites-leur des compliments authentiques. C'est vous placer sur un plan d'égalité avec eux. En leur reconnaissant des qualités, vous leur signifiez qu'ils ne sont pas les seuls dispensateurs des bons points.

Prenez le pli de regarder ce qui est bien fait, et dites-le à haute voix. Vous êtes deux adultes. Regardez vos patrons comme des collaborateurs. Leurs fonctions sont différentes et complémentaires de la vôtre.

Pour rester naturel, faites un seul compliment à la fois. N'insistez pas, dites-le en passant, de manière à ce qu'il puisse l'entendre et l'intégrer plus facilement. Les compliments sont donnés avec tant de parcimonie dans notre société, que trop appuyés ils peuvent sembler louches, recouvrir on ne sait quelle vile manœuvre. Restez légers.

◊ *J'écris trois qualités que je reconnais à mon directeur / président / chef / client / professeur / responsable / investisseur / maire / ministre...*
Monsieur/Madame... est :
—
—
—

◊ *Qu'est-ce que j'ai accepté récemment alors que je n'étais pas d'accord ?*
Comment aurais-je pu le dire ?
Et maintenant ? À qui puis-je le dire ?

◊ *Je formule mes phrases en étant attentif(ve) à exprimer mes sentiments et mes besoins sans jugement d'autrui, ni dévalorisation.*

10

Sortir des jeux de pouvoir

Pour un oui ou pour un non, René le téméraire explose ! Comme si c'était la seule émotion disponible sur sa palette. Il substitue en effet de la colère à tous ses émois. Ses collaborateurs le craignent. Sa femme et ses enfants marchent sur des œufs pour ne pas le contrarier. Ses amis sont attentifs à ne pas le froisser... Il est si colérique !

Est-ce vraiment quelqu'un de fort ? S'il n'a peur de rien, pourquoi a-t-il ainsi besoin de terroriser son petit monde ? Pour quelle raison se met-il sans cesse en rage ? Regardons l'effet de sa colère sur son environnement. Ses éclats de voix lui confèrent manifestement du pouvoir sur autrui. C'est un bénéfice psychologique important du colérique. Il contrôle les autres, évite ainsi l'intimité et toutes sortes de risques affectifs... Peut-être a-t-il peur de montrer sa face cachée, la partie de lui qui se sent vulnérable, pas à la hauteur, dépendante du regard d'autrui... Peut-être a-t-il si peur de ne pas être aimé qu'il préfère mettre de la distance et dominer. À moins qu'il ne se serve tout simplement de l'autre pour libérer un peu de pression.

Quand on a accumulé trop de rage en soi, quand cette colère est interdite de conscience, comme une cocotte minute, périodiquement, on a besoin de lâcher un peu de vapeur.

On vous interpelle violemment ? **la fureur n'est pas contre vous, elle est en celui qui la lance.**

◊ *Vous êtes colérique.*
Quels sont les bénéfices de vos éclats ?
Grâce à ma colère j'évite...
Mes colères me permettent de...
Mes colères obligent les autres à...

◊ *Regardez votre enfance. L'avez-vous vécue sous le signe de l'humiliation, de la honte, du sentiment de culpabilité, de la terreur ?*
Avez-vous eu très peur sans avoir le droit de le dire ? (parents malades, accident...)
Avez-vous été frustré sans avoir le droit d'exprimer votre colère ?
La colère est l'émotion appropriée de la réparation des blessures. Probablement personne n'a su ou pu l'écouter. Vous l'avez réprimée, peut-être même totalement refoulée.

◊ *Prenez conscience de cette colère en vous qui n'attend qu'une allumette pour s'enflammer. Ni les autres, ni les situations, ni les événements ne déclenchent votre ire. Elle est en vous. Vous avez besoin de trouver des éléments sur lesquels la projeter.*

Hélène est cadre supérieur dans une grande entreprise. Son équipe lui reproche d'être froide, autoritaire. Ses jugements font peur. Elle en souffre. D'autant que cela pose des problèmes dans les services dont elle est responsable. L'ambiance y est lourde. Ses collaborateurs ont tendance à taire leurs erreurs. Ils se chamaillent... Des questions importantes ne lui sont pas soumises.

Hélène me confie sa détresse. Elle se sent si différente de cette image. À l'écoute de chacun, elle cherche à se montrer encourageante. Elle est loin de les juger comme ils l'imaginent. Que se passe-t-il ?

Pour faire sa place dans ce milieu d'hommes, Hélène a

cru qu'elle devait « jouer au chef ». Elle a cherché à ravaler ses émotions. Elle a tenté de dissimuler ce qui est, avec dédain, appelé « états d'âme ». Consciente de sa sensibilité, inquiète à l'idée de montrer de la vulnérabilité, elle a préféré endosser une cuirasse de guerrier, mettre le masque du cadre supérieur.

Le décalage est si grand que ses attitudes les plus sincères sont réinterprétées. Lorsque, écoutant son cœur, elle aide un salarié, ou en incite un autre à se confier, elle est vécue comme perverse et dangereuse ! Comment exprimer ses sentiments à quelqu'un qui les dissimule ?

Lors d'un stage de formation, Hélène a montré ses émotions devant un certain nombre de collaborateurs. Ils sont restés interdits. Stupéfaits de la révélation. Quoique, en y réfléchissant... Certains avaient perçu une certaine vulnérabilité... Mais, braqués par ce visage rigide et cette dureté, ils refusaient de lui accorder quelque manifestation de compassion.

Dès qu'elle s'est montrée authentique, leur attitude s'est radicalement transformée. Ils ne craignaient plus Hélène... Ils l'estimaient.

Suite à ce stage Hélène a pu abandonner son « rôle de cadre » pour simplement « être » cadre. Elle a découvert qu'elle n'avait pas besoin de masque pour être respectée.

Hélène avait endossé un rôle parce qu'elle doutait d'elle-même. Son intention n'était pas de dominer autrui. Elle cherchait à mettre à distance ses sentiments. Ses émotions gelées, les autres ne rencontraient plus que de la glace.

Un jeu de pouvoir est une défense contre des émotions (souvent inconscientes) trop difficiles à affronter.

◊ *Êtes-vous la même personne au bureau et à la maison ?*
☐ *Oui*   ☐ *Non*
Si non, vous jouez un rôle. En avez-vous conscience ?
Quelles sont les craintes qui vous retiennent de vous montrer tel que vous êtes ?
Que se passerait-il si vous étiez simplement vous-même ?

Raymond, endurci par une vie difficile, est directeur général dans une très grosse entreprise. Il inspire de la crainte à ses collaborateurs. Son physique n'arrange rien, c'est un vrai géant, massif et très raide. Sa gestion est impitoyable. Il est volontiers cynique. Il maintient son pouvoir sur autrui par tous les moyens à sa disposition.

Lors d'un stage inter-entreprises avec d'autres directeurs sur le thème de la prise de parole en public, il réalise une excellente prestation et est spontanément applaudi par les participants. Il pleure pour la première fois depuis bien des années. Il est profondément touché. Jamais il n'a été applaudi ainsi. Son histoire est un parcours du combattant, il a rarement été valorisé. Il évoque sa détresse de petit garçon, ce sentiment de ne pas être aimé, de compter pour du beurre.

Il est fascinant de découvrir tant de sensibilité chez cet homme si dur, vécu comme un tyran dans son entreprise. Face à son attitude, face à son imposante stature, personne ne songeait aux intenses besoins de reconnaissance qu'il portait en lui. Personnage puissant, les rares compliments reçus n'étaient le plus souvent que flatteries en vue de se concilier ses faveurs.

Profondément ému par ce stage, il a désiré le partager, en faire profiter toute son équipe de direction. Qui l'aurait cru ? Un stage n'a cependant pas suffi à renverser la vapeur dans la société, le passif était trop important, mais cet homme m'a donné une leçon que je n'oublierai jamais.

Une personne cherche à inspirer la crainte quand son estime d'elle-même est vacillante. Elle lutte contre l'humiliation ressentie dans son enfance en s'enivrant de puissance. Derrière l'autoritarisme, il y a des souffrances anciennes. La carapace est d'autant plus solide, les piquants d'autant plus drus et pointus que la blessure a été vive et profonde.

Alors quand vous rencontrez ce genre de tyran... Inutile de vous laisser envahir par la peur. Son autoritarisme n'est que le reflet d'une terreur et d'une détresse dont il est lui-même inconscient ! Regardez-le avec une vraie tendresse, ouvrez votre cœur, style « je ne rentre pas dans votre jeu », mais sans sourire, cela risquerait d'être pris pour de l'ironie. Cette ironie qui peut-être l'a blessé quand il était enfant.

Les jeux de pouvoir ne sont que des défenses contre des sentiments de fragilité, de honte, de peur, de détresse, d'humiliation, de culpabilité... ou même de colère indicible. Plutôt que de mordre à l'hameçon qui vous est proposé, faites preuve d'intelligence du cœur.

◊ *Observez vos relations avec vos collègues, chefs de bureau, supérieurs hiérarchiques... Comment vous sentez-vous avec eux ?*
Avec M./Mme... je me sens :
☐ *à l'aise et en confiance*
☐ *intimidé*
☐ *mis à distance*
☐ *sur mes gardes*
☐ *en colère*
☐ *tendu*
☐ *terrifié*
☐ *...*
Dans le premier cas, votre interlocuteur est vraisemblablement authentique. Dans les autres, il joue sans doute un rôle. (À moins que ce ne soit vous qui projetiez sur lui vos parents ou vos frères et sœurs.)

◊ *Évoquez un collègue qui vous met mal à l'aise...*
Comment se comporte-t-il ?
Comment prend-il son pouvoir sur vous ?
Pouvez-vous regarder en dessous du masque ?
Qu'est-ce qui vous incite à lui laisser ce pouvoir sur vous ? Ressemble-t-il à une personne de votre passé ?

◊ *Un de vos collègues joue au « petit chef » ? Quels sont ses besoins ? Est-il suffisamment reconnu pour ce qu'il fait ? Manifestez-lui votre reconnaissance. Vous le verrez se transformer sous vos yeux.*

11

Respectez les émotions de vos clients

J'ai animé nombre de stages dans les entreprises sur le thème de la relation aux clients, avec pour demande explicite de la part de la direction d'apprendre aux employés à recevoir l'agressivité des clients. Ne pourrait-on aussi éviter de susciter le mécontentement de ces derniers ? Il peut toujours arriver qu'une marchandise soit défectueuse, que les délais soient dépassés, que des urgences vous aient contraint à les faire attendre. À vrai dire, si retard ou défaut de fabrication ne font pas plaisir aux clients, c'est le manque de respect qui rend les clients vraiment furieux.

Donnez de l'attention aux besoins émotionnels de vos consommateurs et usagers. La colère est une réaction à l'injustice, à la blessure narcissique, à la frustration. La plupart des gens peuvent gérer la frustration occasionnée par un retard, à condition de se sentir traité avec respect et de recevoir des informations claires.

Comme tous les humains, vos clients ont besoin de sécurité et de pouvoir sur leur propre vie. Chaque fois que vous les placerez dans une situation d'incertitude ou d'impuissance, cela suscitera en eux peur et/ou colère.

Ne jouez pas de jeux de pouvoir avec vos clients. À moins de détenir un monopole, et encore, ce ne sera payant qu'à court terme. Sur le long terme, vous perdrez toujours. Même une puissante institution comme l'Éducation nationale va finir par perdre à ce jeu-là. Les parents et les jeunes commencent à demander le droit à la parole et au respect.

Le métro s'arrête. Les voyageurs se regardent et ressassent cette litanie : « Ils pourraient tout de même nous dire ce qui se passe ! » Patricia commence à suffoquer, elle fait une crise de panique...

Quelques jours plus tard, bien qu'un peu tendue, Patricia reprend le métro. La rame stoppe. Immédiatement les haut-parleurs informent : « Nous vous demandons quelques minutes de patience. Suite au repérage d'une défaillance, des techniciens réparent la voie. Nous coupons l'électricité de la rame pour éviter toute percussion par un autre train. » Patricia n'a pas bronché, elle a attendu tranquillement que le train redémarre.

L'avion est plein, tout le monde est assis, prêt au décollage. Rien ne se passe... au bout d'une dizaine de minutes (seulement !) le commandant prend le micro et annonce : « Veuillez nous excuser du retard. Nous avons un problème de santé à bord. » Une phrase qui ne satisfait pas la curiosité des passagers. Les commérages vont bon train. Un observateur parti en quête d'information a vu qu'il s'agissait d'une femme africaine. On parle vite de racisme : « Ils ne veulent pas d'elle dans l'avion... » En réalité, cette femme arrivée en fauteuil roulant avait besoin de trois infirmiers pour la mouvoir. Ceux qui l'avaient portée jusqu'à son siège dans l'avion étaient déjà repartis. Douze heures de vol sans pouvoir l'amener aux toilettes ? Impossible. Elle devait conserver une jambe très douloureuse immobilisée et tendue en avant et n'avait qu'un petit coussin pour la reposer... Où mettre cette jambe ? Pour couronner le tout, elle était gravement diabétique, donc susceptible de faire un malaise en vol, et n'avait aucun médicament avec elle ! Bref, il était criminel de la garder à bord. Il fallait la débarquer. Comment le lui expliquer ? Elle ne parlait pas un mot, ni de français, ni d'anglais. Il a fallu trouver dans l'aéroport une interprète parlant sa langue, et rappeler les infirmiers. C'était effectivement un problème de santé, mais en dire un peu plus aurait suscité de la compréhension. Est-ce violer l'intimité d'une personne que d'énoncer ces quelques raisons qui imposaient son débarquement ?

« Le docteur est en rendez-vous, il en a encore pour environ vingt minutes » ou « Le docteur a eu une urgence ce matin, il est resté en salle d'opération plus longtemps que prévu, il a pris du retard, environ une heure, préférez-vous attendre ou aller faire une course ? »
Fournir une information claire rend du pouvoir aux gens ; la leur refuser c'est prendre du pouvoir sur eux. Une salle d'attente pleine vous rassure ? Pourquoi ne pas téléphoner à vos patients quand vous avez une heure de retard ? Pourquoi les laisser se morfondre dans votre salle d'attente ? Pour amortir vos plantes vertes et journaux ?

Quand un client/patient/usager/parent/écolier est en colère :
Accueillez ! Pas de justifications, vous vous expliquerez après ! Mettez-vous simplement à l'écoute.
Sa colère est justifiée ? Opinez. Elle est injustifiée, exagérée ? Elle cache d'autres émotions. Respectez la colère et tentez d'écouter au-delà.

Un parent se montre agressif parce que son fils a obtenu des notes désastreuses en fin de trimestre ? Reformulez avec compréhension :
« Vous avez peur pour l'avenir de votre enfant. Vous craignez que ces notes ne le suivent... »
Une patiente impatiente vous considère d'un œil noir ? Faites preuve d'empathie :
Vous pouvez vous contenter de : « Vous êtes énervée d'avoir attendu si longtemps sans savoir à quelle heure j'allais vous recevoir. » Ou poursuivre : « Vous aviez peut-être d'autres impératifs, craignez-vous d'être en retard ? »

Un homme mécontent vous insulte ?

Inutile de vous sentir accusé, une insulte ne parle que de celui qui la lance. Vous avez envie de l'insulter en retour ? Vous êtes si fragile ? Ne donnez pas le pouvoir aux autres de vous blesser. Prenez conscience de vos émotions, de vos besoins et parlez-en éventuellement avec un collègue. Libérez-vous du trop-plein de tension pour pouvoir affronter calmement la situation.

Vous êtes le fournisseur, le professeur, le docteur, le directeur, le commerçant, vous êtes en position de force. C'est l'autre qui est frustré, lésé. Décodez sa colère, et ses besoins. Le jeu de pouvoir vous laisserait un goût amer dans la bouche. Manifestez plutôt votre empathie, écoutez vraiment ses sentiments.

IV

LES PIÈGES DU COUPLE

L'émotion d'amour se nourrit du sentiment d'amour et inversement. Si l'émotion nous surprend parfois, chamboule tout en s'immisçant par effraction dans nos cœurs, le sentiment d'amour se construit dans le temps. Il est clair que l'amour ne se réduit pas au couple. L'amour est un sentiment si vaste. Amour parental, amour filial, amour fraternel, amour inconditionnel pour tous les êtres, l'amour/sentiment nourrit nos liens aux autres.

« Je suis amoureuse, mais je ne veux pas en parler, je ne sais pas si ça va durer... », susurre Nathalie. Superstition ? Peur d'essuyer un revers ? Nathalie place déjà sa relation dans la perspective d'un couple. Pourquoi quelques instants d'amour vaudraient-ils moins ? Chaque être croisé nous enrichit. L'amour est bon à ressentir, c'est une expérience intime fantastique, il est bon d'aimer et de se sentir aimé. Certaines histoires durent toute une vie, d'autres quelques jours, voire quelques secondes... Toute rencontre a sa valeur. Pourquoi la mesurer à l'aune de la construction d'un couple ? Vivre en couple n'est pas un aboutissement en soi, c'est un départ pour une nouvelle aventure, une merveilleuse aventure à condition de le choisir véritablement et de ne pas y être accroché par conformisme social. Ce peut être un pas vers la famille. L'arrivée d'un enfant va bouleverser en profondeur l'univers des amants... Ce sera encore une autre histoire.

Le couple est un des terrains sur lesquels l'amour est naturellement attendu. Mais c'est aussi le lieu privilégié de nombreux pièges relationnels. Les émotions y sont exacerbées. Les sentiments parasites trouvent un terrain propice à leur prolifération. Nous allons dans ce chapitre tenter de saisir les enjeux de la relation, et passer en revue les écueils les plus fréquents. Ne vous laissez cependant pas effrayer par les pages qui suivent. Le couple heureux est possible et à votre portée !

L'amour n'est pas un départ, c'est un chemin. Ce n'est pas une branche à laquelle s'accrocher, c'est un fruit.

Quelle place donner à l'émotion d'amour ? Comment l'exprimer ?

Pour que s'épanouisse le sentiment d'amour, le terrain relationnel du couple doit être fertile, bien entretenu, arrosé régulièrement, correctement ensoleillé... Ce sera l'objet du chapitre suivant.

1

Diagnostic santé de votre couple

◊ *Entourez le chiffre qui vous paraît correspondre à votre degré de satisfaction de 0 (jamais ou pas du tout), à 4 (Oui, tout à fait).*

- *Nous partageons sur tout*   0 1 2 3 4
- *Nous avons une sexualité forte*   0 1 2 3 4
- *Je ressens une sensation de liberté*   0 1 2 3 4
- *Je me sens respecté(e)*   0 1 2 3 4
- *Je respecte mon conjoint(e)*   0 1 2 3 4
- *Je suis attentif(ve) à ses émotions*   0 1 2 3 4
- *Il (elle) est attentif(ve) à mes émotions*   0 1 2 3 4
- *Il (elle) est réceptif(ve)*   0 1 2 3 4
- *Je suis réceptif(ve)*   0 1 2 3 4
- *Je lui exprime facilement mes sentiments*   0 1 2 3 4
- *Nous nous sentons complices*   0 1 2 3 4
- *Nous avons le sentiment de construire un espace commun*   0 1 2 3 4
- *Je l'admire*   0 1 2 3 4
- *Je me sens admiré(e)*   0 1 2 3 4
- *La relation est équilibrée, chacun reçoit autant qu'il donne*   0 1 2 3 4
- *Nous éprouvons le désir d'être ensemble*   0 1 2 3 4
- *Nous aimons partager des activités*   0 1 2 3 4
- *Lors de soirées avec des amis, chacun prend sa place*   0 1 2 3 4

- *Mon partenaire soutient mes projets même s'il ne les partage pas*　　0 1 2 3 4
- *Je soutiens mon partenaire dans ses projets même si je ne les partage pas*　　0 1 2 3 4
- *Mon partenaire me valorise*　　0 1 2 3 4
- *Je valorise mon partenaire*　　0 1 2 3 4
- *La tendresse circule librement entre nous*　　0 1 2 3 4
- *Nos valeurs sont proches, ou nous respectons mutuellement nos valeurs*　　0 1 2 3 4

◊ *Vous comptabilisez un grand nombre de 4 ? Bravo, vous avez su construire une relation harmonieuse. Quels sont les points de la relation sur lesquels vous avez besoin de porter votre attention ?*
Ne vous résignez pas à conserver quelques 0, 1 ou même 2 sous prétexte qu'on ne peut tout avoir. Le plus souvent il dépend de nous d'améliorer les choses.

◊ *Quels sont les principaux symptômes de mal-être de votre couple ?*
Faites une croix dans la colonne qui correspond à votre appréciation.

	jamais	rarement	parfois	souvent	beaucoup
il y a des non-dits					
il y a des mensonges					
notre sexualité est codifiée, ritualisée					
j'ai une sensation d'enfermement					
je m'ennuie					
l'un ou l'autre se montre avare d'argent, de tendresse, de présence ou de paroles					
l'un ou l'autre fait preuve d'une excessive sensibilité émotionnelle					

il y a de la distance entre nous					
nous nous disputons					
l'un ou l'autre se montre jaloux					
l'un ou l'autre utilise jugements, critiques ou dévalorisations					
je n'éprouve pas le désir d'être avec lui/elle					

Ces symptômes indiquent un malaise dans la relation. La plupart des difficultés relationnelles d'un couple trouvent leurs racines dans des émotions non-dites et des sentiments parasites.

◊ *Osez-vous toujours montrer :*
☐ *votre colère ?*
☐ *vos peurs ?*
☐ *votre tristesse ?*
☐ *vos joies ?*
☐ *votre amour ?*

◊ *Qu'allez-vous faire pour ouvrir davantage votre cœur et vivre plus d'amour au quotidien dans votre relation ?*

2

Amour ou dépendance ?

« L'amour est une sollicitude active pour la vie
et la croissance de ce que nous aimons.
Là où manque ce souci actif, il n'y a pas d'amour. »

Éric Fromm, *L'Art d'aimer*

« Est-ce qu'il m'aime ? » se demande Livia angoissée. Cette question revient dans les bouches des hommes et des femmes qui manquent de confiance en eux, de sécurité intérieure et d'amour d'eux-mêmes. Étrangement, ils se posent cette question sur l'amour que leur porte l'autre, avant de se poser celle de l'amour qu'eux-mêmes portent à l'autre. « Est-ce que JE l'aime ? », suis-JE prêt à donner et construire une relation avec lui (elle) ? », « qu'est-ce que JE ressens dans la relation ? » sont des questions autrement importantes et pertinentes pour l'avenir d'un couple.

Cette inversion met en lumière les enjeux inconscients de la relation. Livia attend que Michel la rassure sur l'amour qu'elle peut susciter. Il s'agit davantage de combler un manque du passé plutôt que de construire une relation d'avenir. Attention aux désillusions...

Une mauvaise relation peut ébranler, voire détruire votre confiance en vous. Le respect de soi me paraît être un élément fondamental pour distinguer une relation positive d'un schéma destructeur.

Il est toujours difficile de renoncer à une histoire d'amour, même si elle est d'évidence fondée sur la dépendance. Et qui sait si le renoncement est la bonne direction ?

Pendant des années, Priscilla a été invitée par ses amis et son psy à « faire le deuil » de sa relation impossible avec Thomas. Ce dernier parti construire une famille ailleurs, elle restait prisonnière de cet amour, incapable de se tourner vers un autre homme. Contre vents et marées, elle restait attachée à Thomas. Qui eût cru quelque chose de possible entre eux ? Pourtant, sept ans plus tard, ils se sont retrouvés sur de nouvelles bases et ont construit un couple et une famille solides. **L'amour est un mystère devant lequel nous sommes bien inspirés de nous incliner.**

Cela dit, quand une relation engendre davantage de souffrance que de bonheur, il est opportun d'envisager une rupture, de rompre tout au moins avec la relation de dépendance.

Luce et Serge se disputaient de plus en plus. Elle refusait d'être traitée comme une femme de ménage. Il refusait sa part de tâches ménagères. Volontiers humiliant et dévalorisant à l'égard de Luce, Serge fuyait dans l'ironie toute discussion sérieuse. Luce avait maintes fois brandi la menace du divorce, sans recueillir davantage d'attention. Il faut dire qu'elle n'était pas prête à mettre sa menace à exécution. Il devait le sentir. Acquérant de la solidité grâce à son chemin en psychothérapie, elle a appris à se respecter. L'attitude de Serge lui est alors apparue intolérable. Elle a *décidé* de rompre. Vraiment décidé ! Contre toute attente, l'attitude de Serge s'est alors transformée. Ils ont enfin parlé avec authenticité de leur ressenti, de leur couple. Miracle ? Non. Luce n'acceptait plus le rôle de victime. Prête à quitter la relation, elle sortait de la dépendance. La position de Serge ne tenait plus. On ne peut jouer tout seul !

Derrière la relation de pouvoir et de dépendance qui

aurait détruit leur couple, mais aussi leur estime d'eux-mêmes, Luce et Serge ont trouvé une véritable relation d'amour et beaucoup de bonheur à vivre ensemble. L'expérience de Luce est loin d'être unique. Je l'ai vu se répéter nombre de fois dans ma pratique de psychothérapeute.

Quand on n'est pas heureux, rompre est une question de respect de soi. Je souligne combien il ne s'agit pas de « changer l'autre » ou de « *se faire* respecter », mais de prendre sa part de responsabilité et de changer en soi. Assumer la responsabilité de soi, c'est se respecter assez pour dire : « Je ne veux plus souffrir. Je ne tolérerai plus telle ou telle atteinte à mon intégrité. »

◊ *Est-ce que je me respecte dans ma relation actuelle ?*

◊ *Sinon, lequel de mes besoins ai-je tendance à sacrifier pour conserver la relation ?*

Hélas, malgré l'augmentation des sentiments de frustration, de colère, de vacuité, de désespoir, les amants dépendants ont tendance à maintenir leur association négative. Écoutons Amandine :

« Je revois mes erreurs. Toutes les fois où j'ai fermé les yeux. J'ai toujours refusé de reconnaître que cette relation était impossible. J'avais de brefs moments de lucidité puis, branchant ma volonté sur l'espoir d'un avenir possible, j'acceptais de rester, de vivre ce qu'il me proposait en reniant une partie de moi. Mon désir d'aimer et d'être aimée, de ne plus être seule à assumer ma vie, mon désir de partager, d'avoir un compagnon était plus fort. »

Il est utile d'ouvrir les yeux sur la réalité, de laisser tomber les rationalisations du style : « C'est un type qui pourrait être tellement fantastique », « elle est blessée, mais il y a tant de richesse en elle... », « ce n'est pas qu'il/elle ne m'aime pas, mais il/elle a peur de s'engager ».

La dépendance amoureuse engendre des symptômes de

manque lors du sevrage, comme toute addiction[1], qu'elle soit à l'alcool, au tabac, à l'héroïne. Je ne connais pas encore de groupe d'Amoureux Anonymes pour aider à passer le cap du sevrage. Ce serait certainement utile.

Comme pour l'alcoolisme, il s'agit tout d'abord de reconnaître la dépendance. Or dans la sphère de la relation amoureuse, c'est compliqué. Les symptômes de manque sont réinterprétés comme... des preuves d'amour authentique. J'emprunte à Howard Halpern[2] la liste des symptômes de dépendance dans l'exercice ci-après :

> ◊ *Êtes-vous dépendant(e) ?*
> *Si vous présentez ne serait-ce qu'un des symptômes ci-dessous, ce que vous appelez l'amour de votre vie est marqué par la dépendance :*
> ☐ *Attirance irrésistible qui limite la liberté même en présence d'un jugement objectif sur l'aspect négatif de cette relation.*
> ☐ *Panique à l'idée de la privation, bonnes raisons pour ne pas rompre. Quand la possibilité de la rupture est évoquée : craintes pouvant aller jusqu'à la terreur, menant à un accrochage plus fort.*
> ☐ *La séparation déclenche des symptômes de sevrage tels que : douleurs physiques dans la poitrine, l'estomac, l'abdomen, crises de larmes, troubles du sommeil, irritabilité, désorientation, solitude, dépression. Tous ces symptômes sont soulagés par la reprise de contact.*
> ☐ *Une fois la rupture définitive : sentiment de libération, de triomphe, d'accomplissement.*

Qu'est-ce qu'aimer ?

Dans l'amour, le désir d'être ensemble est présent, mais il n'est pas obsessionnel. **L'amour se conjugue avec un sentiment de liberté. La relation est épanouissante pour les deux personnes.**

---

1. Synonyme de « dépendance ».
2. D. Howard Halpern, *Adieu*, éd. Actualisation.

Envisager une rupture occasionne de la souffrance, mais ne suscite pas de crainte. Si une séparation est imposée (hors d'un deuil) la douleur peut être grande. Quand la rupture est définitive, elle n'ouvre pas sur le sentiment de libération mais sur un profond sentiment de perte, de tristesse.

Peut-on aimer une personne qui ne nous aime pas ? Oui. Et non.

Oui, parce qu'on *peut* aimer tout le monde (oui, je le crois !).

Non, parce que le sentiment d'amour se construit dans une relation.

Oui, parce qu'aimer est un verbe dont nous sommes le sujet. Le sentiment nous appartient.

Non, parce que si l'autre ne partage pas nos sentiments, il n'est qu'objet dans la relation, prolongement de notre désir. L'amour est un sentiment qui relie deux personnes, deux *sujets*. Étant le seul sujet, il s'agit d'un amour de soi-même !

Si nous nous disons amoureux d'un homme ou d'une femme qui ne nous aime pas... nous pouvons considérer notre propension à la dépendance et nous interroger sur ce que nous jouons là de notre histoire.

◊ *De manière générale, ai-je tendance à me situer en tant que sujet ou en tant qu'objet dans ma relation amoureuse ?*
— *Suis-je parfois tenté(e) de traiter mon/ma partenaire comme un objet chargé de combler mes désirs et, en conséquence, d'être furieuse/furieux s'il/si elle ne les comble pas ?*
— *Est-ce que j'éprouve du plaisir à voir l'autre s'exprimer en tant que sujet indépendant, même si cela contrarie mes attentes ?*

3

Qu'est-ce qui nous pousse dans les bras les uns des autres ?

Élodie et Julien sont mariés depuis douze ans. Élodie critique sans cesse son époux, le rabaisse en public. Lorsqu'il fait des projets, tente de grandir professionnellement, elle se moque. Du coup, il échoue souvent, et lui donne raison. Manquant de confiance en lui, il a longtemps accepté les jugements de sa femme comme pertinents puisqu'il échouait. Il était en terrain connu. Ses parents, déjà, lui répétaient à longueur de journée qu'il était paresseux, qu'il ne serait jamais bon à rien, qu'il était un incapable.

Un beau jour, il en a assez et demande le divorce. Élodie refuse : « Moi, je t'aime », dit-elle. Julien est ému... Mais est-ce de l'amour qu'Élodie lui porte ?

Nous avons tendance à vouloir enfermer l'amour. « Je l'aime » serait un état définitif. Non, c'est une dynamique, un mouvement vers autrui, un ensemble de comportements, de pensées et de sentiments, une attitude à l'autre. **Aimer est un verbe**, une action. Ce n'est pas un état de fait en termes de « je l'aime, je ne l'aime pas ».

Élodie ne nourrit pas la relation de gestes d'amour, elle est dépendante de Julien. Elle profite de cette relation pour son bénéfice (inconscient) personnel, pour se sentir supérieure, pour recouvrer un peu d'estime personnelle. Julien lui permet de paraître plus solide, plus forte, meilleure. Elle se venge sur lui (toujours inconsciemment bien sûr) de l'impuissance de son enfance. Victime d'une éducation rigide et sévère, Élodie n'a pas reçu beaucoup de tendresse. Elle n'a souvenir ni d'avoir été valorisée, ni d'avoir été respectée, ni même d'avoir été simplement écoutée, reconnue pour ce qu'elle était.

De son côté, Julien admire la « force » de sa femme. Se vivant inférieur et incapable d'arriver à quoi que ce soit tout seul, il est rassuré par Élodie. Il se sent pris en charge.

Élodie et Julien ont assemblé deux problématiques. Comme les deux pièces d'un puzzle, ils se sont trouvés et se sont attachés l'un à l'autre. Ils se « complètent » bien. En conséquence, leur couple ne peut tenir que tant qu'ils conservent tous deux la « forme » spécifique leur ayant permis d'imbriquer leurs besoins psychiques.

On peut avoir besoin d'un conjoint pour l'aimer, bien sûr mais aussi parfois pour le haïr, c'est-à-dire avoir quelqu'un sur lequel sortir toute la haine accumulée depuis l'enfance. Le couple est ainsi soudé sur une base névrotique, chacun trouvant un bénéfice dans le rôle qu'il va jouer.

Nous avons tendance à choisir des partenaires qui vont nous permettre de répéter les émotions non perlaborées[1] de notre enfance. Les questions non résolues de notre enfance cherchent réponse. Les schémas relationnels appris de nos parents se reproduisent.

C'est ainsi que nos amours (surtout les premières) sont susceptibles de réveiller nos blessures anciennes.

Différentes dynamiques peuvent présider au choix d'un partenaire et au type de relation que nous allons instaurer avec lui. (Les numéros n'indiquent en aucun cas un ordre, ni d'importance, ni de quoi que ce soit d'autre. Je les utilise pour mieux séparer les différents mécanismes. Plusieurs de ces

---

1. La perlaboration est un travail psychique d'acceptation d'émotions refoulées qui dégage la personne de l'emprise des mécanismes de répétition. Une émotion perlaborée est une émotion qui a été reconnue, acceptée, traversée et à laquelle un sens a été donné.

fonctionnements peuvent d'ailleurs être conjointement à l'œuvre. Et ils ne sont pas exhaustifs.)

1. Combler un manque affectif
2. Se protéger contre une angoisse (de ne pas être aimé, d'être sans valeur, de rester seul, de l'intimité...)
3. Libérer d'anciennes colères refoulées sans prendre de risque face à ses parents
4. Guérir son enfance
5. Réussir là où ses parents ont échoué
6. Tenir un pacte de fidélité
7. Établir une relation selon une définition de l'amour déduite de la relation parentale.

Explicitons ces dynamiques :

1. Combler un manque affectif

Si la relation avec nos parents n'a pas été suffisamment nourrissante, notre besoin d'attachement peut nous mettre en dépendance. Le partenaire s'engouffre alors dans la béance créée par le manque. Il n'est pas perçu en tant que lui-même, mais en tant que possibilité de combler nos attentes et besoins archaïques. Après une période de fusion, c'est la désillusion. Mais nous n'avons pas toujours conscience de demander à l'autre ce que nous n'avons pas reçu de nos parents.

Dans les premières semaines de la vie, lorsque la mère satisfait les besoins de son enfant, en le nourrissant, en le changeant, en le berçant, elle lui apporte non seulement la satisfaction, mais un irremplaçable sentiment de sécurité par ce message : tes besoins peuvent être remplis.

Lorsque la sécurité n'a pas été suffisante dans la petite enfance, lorsqu'elle n'est pas intériorisée, la personne devenue adulte peut la chercher dans son couple. Tout éloignement de l'autre (physique ou psychique) risque alors de réveiller l'insécurité de l'enfance, et tend à susciter une forte angoisse et toutes sortes de comportements qui peuvent se montrer exaspérants pour le partenaire. C'est une chose à admettre, **nous sécuriser ne fait pas partie de la responsabilité de l'autre ! La sécurité est à trouver d'abord à l'intérieur de soi.**

Guérir de cette insécurité nécessite un travail intérieur de réparation. Les étapes traversées sont :
— La prise de conscience
— Le dépassement de la peur de confronter[1] ses parents
— La colère contre les responsables de l'offense
— Parfois la peur de ce que l'on va rencontrer
— Le contact avec la souffrance vécue, la conscience d'avoir été démuni à ce moment-là
— Le pansement de la blessure intérieure, la réparation (avec un psychothérapeute, des exercices de visualisation, une cassette[2])
— La confrontation des parents
— La tristesse, avec tendresse pour soi-même, d'avoir eu à subir de tels moments
— Le pardon, quand il est possible. C'est-à-dire quand la vérité a été dite et entendue.

C'est un cheminement nécessaire vers soi-même, pour construire une relation de couple épanouissante.

◊ *Repérez dans vos émotions, pensées et comportements ce qui pourrait indiquer une tendance à utiliser votre partenaire pour combler un manque affectif :*
☐ *Je doute de son amour*
☐ *J'ai sans cesse besoin de preuves*
☐ *Je ne supporte pas qu'il/elle sorte sans moi*
☐ *Autre :*

---

1. Le mot confronter est ici un terme spécifique utilisé par les psychothérapeutes. Il signifie montrer à une personne l'impact des comportements sur les autres, la mettre face à un décalage entre ses comportements et leur effet, ou une discordance entre ses besoins et ses comportements. Tout cela bien entendu sans jugement. La « confrontation » est donc une rencontre authentique dans laquelle nous disons nos sentiments véritables.
2. Voir la cassette *Trouver son propre chemin*, volume 1 « La Guérison de l'enfant intérieur ».

2. Se protéger contre une angoisse

Nous pouvons choisir un partenaire qui efface nos angoisses. Charles déclare son amour à Jacqueline. Il est gentil. Elle ne l'aime pas vraiment, mais de toute façon, elle n'est pas bien certaine de la signification de ce verbe. Par peur de ne pas rencontrer d'autre homme, mue par la conviction qu'elle ne peut être aimée, Jacqueline accepte ce mariage.

Caroline aimait Fabien d'un amour profond... sans jamais oser le lui avouer. Elle a préféré épouser Thierry, pour éviter de se confronter à Fabien.

Claire s'est mariée avec Roland, un homme distant, communiquant peu, et surtout rencontrant des difficultés d'érection. Cela permet à Claire de ne pas être confrontée à la sexualité... sans prendre la responsabilité de ses craintes. À côté de Roland, Claire peut paraître à l'aise avec la sexualité. Puisque « c'est lui qui ne peut pas »...

Laurent a épousé Aurélie, une jolie fille avec très peu de confiance en elle. Aurélie ne risque pas de le remettre en cause. Elle est si gentille, si soumise. À son côté, il peut se croire solide et puissant. En réalité il doute si fort de lui qu'il serait terrifié à l'idée de rencontrer l'intimité avec une femme épanouie et sûre d'elle. Il s'imagine qu'elle verrait tout de suite combien il n'est pas ce qu'il paraît.

Pierre et Roselyne vivent ensemble depuis vingt ans. Leur couple est régulièrement déchiré par les crises de désespoir de Roselyne, accueillies avec fatalisme par Pierre. Plus elle crie, plus il se blinde. Exaspérée par ce qu'elle interprète comme une fin de non-recevoir de ses émotions, elle hurle de plus belle... Pierre, pour se protéger, ne voit qu'une solution, fermer l'huître encore davantage.

« J'ai l'impression d'être transparente, dit Roselyne. Je l'insulte, il ne réagit pas, il reste de marbre, à me regarder sans me voir. Moi je veux communiquer, j'exprime mes émotions, lui jamais. C'est lui le problème dans notre couple. »

Vraiment ? Pourtant Roselyne a choisi Pierre ! Il lui semblait si fort ! Elle avait besoin de cette solidité.

Pierre a élu Roselyne pour sa facilité à exprimer des émotions qui lui sont inconnues. Il peut ainsi les vivre par procuration. Lorsque Pierre a perdu son père, il n'a pas pleuré. Roselyne a versé des larmes pour lui.

Elle lui reproche sa fermeture, son insensibilité. En réalité, elle le protège inconsciemment de ses émotions en les exprimant à sa place. Elle ne supporterait pas de voir ses larmes couler, de le découvrir vulnérable. S'il se mettait à être vraiment lui-même, s'il laissait éclater ses rages et ses désespoirs, il ne serait plus l'homme qu'elle a épousé.

Pierre et Roselyne n'ont, ni l'un ni l'autre, de réelle volonté de changer. Leurs disputes régulières laissent échapper la vapeur excessive et maintiennent le statu quo.

◊ *Évoquez la relation que vous partagez aujourd'hui. Si vous êtes seul(e) en ce moment, réfléchissez sur une de vos relations passées.*
Vivre avec cette personne me permet de...
m'évite de...

◊ *Quelles sont les qualités que j'admire particulièrement chez mon/ma partenaire ?*
Ai-je moi aussi ces qualités ? Sinon suis-je prêt(e) à les développer ? Ou est-ce que je vais compter sur mon/ma partenaire ?
Grâce à cette relation, j'évite de me confronter à mon angoisse de...

3. Libérer d'anciennes colères refoulées

Quand, enfants, nous avons été blessés sans avoir le droit de nous en plaindre, sans que cela soit reconnu, nous pouvons avoir tendance à établir avec le partenaire le même type de relation qu'avec nos parents : idéalisation, soumission à ses attentes, aveuglement sur les blessures infligées, et, bien entendu, les mêmes peurs et haines enfouies dans l'inconscient.

Dès que la personne trouve suffisamment de sécurité dans la relation (par exemple dès que la cérémonie du mariage aura eu lieu), la rage refoulée ressort. Il s'agit de colères qui n'ont pas pu être dirigées contre les parents parce que la menace aurait été bien trop forte. Hélas, ou heureusement, la haine déversée sur une personne de substitution ne guérit pas. Le couple est donc voué à se disputer constamment, à moins que les pulsions agressives ne soient déviées vers encore plus dépendant, j'ai nommé : les enfants.

Les partenaires qui ont des besoins complémentaires en termes de peur et de haine se trouvent et peuvent rester ensemble des années. Ils ont « besoin » de pouvoir haïr leur compagnon pour maintenir le secret sur la réalité de leur souffrance d'enfant et pouvoir protéger l'image de leurs parents. Même s'ils ont conscience de certaines carences, ils n'osent affronter leurs parents, dénoncer les sévices, les abus, les frustrations. S'enfermant dans de petites phrases telles que « c'était comme ça à l'époque », « ils n'avaient eux-mêmes pas reçu d'amour », « ils ont fait ce qu'ils ont pu »... Ils continuent de protéger leurs parents et imposent leur violence à leur partenaire ou à leurs enfants.

◊ *J'ai tendance à provoquer de nombreuses disputes*
— *Je suis souvent en colère contre mon conjoint*
— *Quels sont mes besoins réels ? Contre qui suis-je réellement en colère ?*

4. Guérir son enfance

On peut choisir un partenaire qui ressemble beaucoup à papa ou maman qui a la même personnalité, les mêmes qualités, et les mêmes défauts... dans la recherche inconsciente de la relation que nous n'avons *pas* eue avec ce père ou cette mère. Je reprends le même, et je tente d'obtenir cette fois ce que je n'ai pas pu obtenir petit.

◊ *Mon partenaire a des points de ressemblance avec...*

5. Réussir là où ses parents ont échoué

La personne se replace dans la même situation que ses parents, dans la perspective inconsciente de faire mieux que maman, d'aimer mieux son mari, de le rendre plus heureux, de le guérir (ou ressemblant à maman pour faire mieux que papa).

Le désir de l'enfant de réparer ses parents est immense et il va se nicher dans les relations importantes.

◊ *Quand je considère la relation de mes parents entre eux, je pense :*
— *que mon père aurait dû...*
— *que ma mère aurait dû...*

◊ *Je regarde ma relation d'aujourd'hui. Aurai-je tendance à faire — compulsivement — ce que je reproche à mes parents de ne pas avoir fait ?*

6. Tenir un pacte de fidélité

Il arrive qu'un pacte inconscient soit passé :
— entre le père et la fille, ou entre la mère et son fils : « Tu me seras toujours fidèle. » L'enfant peut ne jamais se marier, épouser un clone de ce parent si possessif. Ou choisir une personne avec qui il n'aura jamais de relation intime forte.
— entre le père et son fils, ou entre la mère et sa fille : « Tu ne me dépasseras pas. » L'enfant ne peut s'autoriser à être plus heureux que son père ou sa mère. Il reproduit le type de relation qu'ont vécu ses parents.

◊ *Pourrait-il exister un pacte inconscient de fidélité entre moi et papa ? entre moi et maman ?*

7. Établir une relation selon une définition de l'amour déduite de la relation parentale

Selon la nature de la relation proposée par nos parents nous aurons intégré l'association amour = proximité ou amour = distance, voire amour = violence, amour = rejet... Cette définition de l'amour nous guidera dans nos choix amoureux.

Si nous avons appris qu'amour rimait avec distance parce que ce papa censé nous aimer était loin, physiquement ou affectivement, nous choisirons des marins, des étrangers, des hommes mariés, indisponibles...

Si amour = dispute, nous ne supporterons pas le calme d'une relation harmonieuse. Il nous faudra provoquer, susciter des éclats... sous peine de ne pas nous sentir aimé.

◊ *Trois qualificatifs de la relation que mes parents avaient avec moi ?*
—
—
—

En aurais-je tiré une définition (inconsciente) de l'amour ?

Hervé cumule plusieurs de ces dynamiques

Véronique, sa compagne, est la réplique exacte de sa mère. Elle le houspille, le culpabilise, le harcèle en permanence. Hervé en souffre, mais cela ne le choque pas vraiment. Il ne remet pas en cause le comportement de Véronique. Pour lui, le harcèlement fait partie de l'amour conjugal ! Il se doit de se montrer « mauvais objet[1] » en laissant traîner ses affaires, en faisant tourner une machine de laine à 90° et en

---

1. Objet sur lequel on peut projeter ses émotions négatives.

oubliant d'acheter les couches du bébé. Il met un point d'honneur (inconscient) à déclencher les foudres de Véronique. Cela le ramène à une relation rassurante (il connaît), évite une trop grande intimité qui le terrifie, le confirme dans ce statut de mauvais objet qui lui a été attribué depuis sa petite enfance et de plus satisfait au contrat inconscient passé avec Véronique (je t'aiderai à exprimer la colère qui est en toi).

◊ *Triez le bon grain de l'ivraie. Observez quelques motivations ou bénéfices inconscients de votre relation amoureuse actuelle. Mon partenaire...*
- ☐ *me permet de me revaloriser : être avec (lui/elle) me donne une meilleure image de moi*
- ☐ *ressemble à ma mère / à mon père / à mon frère / à ma sœur / à ma tante / à mon oncle...*
- ☐ *est tout le contraire de ...*
- ☐ *me fait vivre des frustrations, me limite, m'empêche*
- ☐ *est défaillant / je me trouve mieux que (lui/elle) / je le (la) protège ou je le (la) contrôle, je dirige la relation*
- ☐ *me protège, me donne de la sécurité*
- ☐ *est persécuteur / sauveur / victime*
- ☐ *me ressemble et me rassure sur moi-même*
- ☐ *me fait peur / m'énerve / me rend triste*

— *Ce que j'aime le plus en elle/lui :*
— *Ce que je déteste le plus en elle/lui :*
— *Ce que j'admire le plus en elle/lui :*

◊ *Qu'est-ce que je comprends de ma relation ?*

4

Accumulation de ressentiment

Angèle, comme beaucoup de femmes (mais aussi d'hommes), ne sait exprimer clairement ni ses besoins, ni ses sentiments. Quand l'homme qu'elle aime la déçoit ou la frustre, elle ne sait pas le lui dire. Elle se trouve ridicule de lui en vouloir pour si peu... retient son ire en se disant que « tous les hommes sont ainsi »... Pour contenir ses émotions, elle prend en charge ce qui pourrait lui incomber, est attentive à ses besoins... Elle accumule des timbres dans sa collection, pour le lui reprocher ensuite.

Tous les « non » que l'on ne sait pas dire s'accumulent en nous et créent une énorme poche de ressentiment. Certains la retournent contre eux-mêmes, sombrent dans la dépression ou la maladie. Les « portes de sortie » de la colère vont du fameux « mal de tête » (« je ne peux pas sortir ce soir, ou je ne peux pas faire l'amour, puisque j'ai mal à la tête ») au mal de dos (qui dit ce qu'on ne veut pas dire : j'en ai plein le dos) en passant par nombre de rougeurs, d'inflammations, et d'allergies.

D'autres finissent par adresser leur colère à autrui. Un rien suffit alors pour éclater en reproches. Tous les prétextes sont bons pour humilier l'autre, lui mettre des bâtons dans les roues.

Toute colère non exprimée déséquilibre la relation et forme l'accroche d'un jeu psychologique[1].

Le processus de la collection de timbres a un but caché : dire sans dire, ne pas prendre la responsabilité de ses émotions et besoins.

En effet, la véritable souffrance, blessure, ou frustration sous-jacente ne paraît pas. L'attaque portée sur une question superficielle protège paradoxalement la relation en ne la remettant pas en cause en profondeur. Là encore, pas question de résoudre le problème. Ce dernier n'est même pas évoqué.

Marcel humilie sa femme en public. Il la traite d'idiote (voire pis) en plein dîner. Il lui fait ainsi payer la dépendance qu'il entretient à son égard, son incapacité à se séparer d'elle alors qu'il ne l'aime pas. En approfondissant ses motivations, il reconnaît bientôt que ce mépris lui permet de ne pas dire : « Je ne t'aime plus. Je n'arrive pas à partir. Je suis furieux de me sentir obligé de vivre avec toi. » Marcel n'a jamais pu dire non à sa mère. S'opposer, c'était la faire souffrir. C'était du moins ce qu'elle lui avait fait croire pour le soumettre. Marcel est resté un gentil petit garçon qui s'est occupé de sa maman jusqu'à son décès. Il n'y a pas d'amour entre lui et sa femme. Juste des habitudes. Il vit avec elle depuis plus de quarante ans. Il n'est pas heureux, mais il ne peut pas le dire. Il ne veut pas la faire souffrir ! Il accumule du ressentiment qui sort périodiquement sous forme de mépris.

Julie n'ose pas s'opposer à son mari. Dans leur couple, c'est lui qui décide. Les envies et les besoins de Paul passent avant les siens. Enfant, elle n'avait pas le droit de dire non. Adulte, elle ne sait pas dire ce qu'elle veut. En face d'autrui, elle oublie ses besoins. Mais la rage s'accumule parallèlement à ce sacrifice. Elle le fait payer à son mari, au sens propre. Elle dépense beaucoup d'argent, perd ses cadeaux, et même un chéquier !

---

1. Un jeu psychologique est un jeu de pouvoir qui se déroule comme suit : accroche, quelques échanges stéréotypés, un coup de théâtre qui renverse la situation, et chacun prend son bénéfice : confirmer une croyance négative sur lui-même.

◊ *Comment faites-vous payer à votre partenaire votre incapacité à lui dire ce que vous avez sur le cœur ?*
Rayez les mentions inutiles, et complétez éventuellement par vos stratégies spécifiques :
Je le(la) culpabilise / je fais la tête / je laisse brûler le dîner / je m'enferme dans la chambre / je téléphone à un(e) copain(ine) / je pleure / je m'en vais / je m'absorbe dans un dossier / je me concentre sur l'écran de mon ordinateur / j'engueule les enfants / j'allume la TV / je ne mange pas / je vais me coucher quand il (elle) rentre / je...

Anita a besoin d'être occupée tout le temps. Elle ne se pose jamais. Elle s'active au ménage compulsivement. À peine son dîner englouti, elle se lève, débarrasse et lave la vaisselle... pour pouvoir culpabiliser son mari de ne pas faire sa part. Elle fait tant, et si vite, que lui ne perçoit pas sa responsabilité dans les choses du ménage. De plus, s'il se lève pour tenter de ranger ou nettoyer, elle lui assène une remarque désobligeante. Décidément, il ne fait rien comme il faut ! Il en déduit qu'il vaut mieux s'abstenir... et prête ainsi le flanc aux reproches d'Anita. Dans la journée, il va volontiers au cinéma entre midi et deux. Elle, jamais. Elle pourrait... mais elle perdrait alors une occasion de lui en vouloir...

Par ce jeu de pouvoir, Anita conserve le contrôle de la relation. Elle est tour à tour « sauveur » en prenant en charge les besoins de son mari, « persécutrice » quand elle le dévalorise, « victime » quand elle se plaint d'être seule à assumer la maison.

Il y a toutes sortes de manières de garder le contrôle sur la relation.

◊ *Observez votre relation de couple sans complaisance. Quels types de comportements utilisez-vous ? Dans les stratégies listées ci-dessous, rayez les mentions inutiles, et/ou ajoutez éventuellement votre jeu spécifique.*
— Je ne cherche pas à contrôler, je suis moi-même. Je sais être authentique et partager mes véritables sentiments. Je sais dire mes peurs, mes colères, mes tristesses, mes joies et mon amour.

— *Mon/ma partenaire ne cherche pas à contrôler, il/elle est authentique et partage ses véritables sentiments.*
◊ *Je tente de conserver le contrôle de la relation par :*
la domination / la distance et la négation des sentiments / la colère / la faiblesse / la servitude / la culpabilité / la culpabilisation / la jalousie / ...

◊ *Ma/mon partenaire tente de conserver le contrôle de la relation par :*
la domination / la distance et la négation des sentiments / la colère / la faiblesse / la servitude / la culpabilité / la culpabilisation / la jalousie / ...

5

Disputes et jeux de pouvoir

« Tu ne m'aimes pas ! » La dispute initiée par les reproches de Martine, envenimée par les justifications de Jacques, se termine sur cette accusation. Chacun se sent malheureux et coupable, et prend son bénéfice (négatif mais rassurant) dans le jeu.

Martine : « J'ai gagné le droit de me sentir victime, non aimée, je me confirme que décidément "je ne vaux rien". »

Jacques : « Je ne fais jamais rien de bien, je ne suis pas à la hauteur, je ne vaux rien. »

En réalité, toute la bagarre est animée par ce sentiment plus ou moins inconscient de ne pas être aimé, de ne rien valoir. Par la dispute, Martine extorque à son compagnon confirmation de ses croyances sur elle-même. Quand on est pris entre un besoin exacerbé d'aimer et d'être aimé et la conviction qu'on ne peut l'être, on se dispute.

Les disputes sont des jeux psychologiques (inconscients) construits sur un mode récurrent : l'un des deux protagonistes lance l'hameçon. Chaque couple a ses susceptibilités particulières, ses déclencheurs. Ensuite la série des réactions est prévisible. Le partenaire mord à l'hameçon, réplique suivant son rôle. S'ensuivent quelques échanges plus ou moins stéréotypés. Puis survient le coup de théâtre, une émotion explose et renverse la situation. Le persécuteur passe victime ou inversement, l'accusateur(trice) sanglote : « Personne ne m'aime. » L'accusé(e) passe persécuteur, prend la position haute : « Toutes des hystériques/tous des paranos. » Chacun prend son bénéfice (la confirmation de ses croyances négatives sur lui et sur le monde).

Les jeux apportent aussi leur dose d'excitation. Un peu de piment dans la relation. Certains ont besoin de ces frictions périodiques pour réveiller une sexualité endormie. Comme s'il fallait payer avant de pouvoir s'offrir une réconciliation sur l'oreiller.

Autre aspect, les jeux fournissent beaucoup de marques d'attention. Pendant qu'il ou elle se dispute avec vous, il ou elle vous regarde, vous parle, avec émotion de surcroît. Mieux vaut une attention négative que pas d'attention du tout... Nombre de disputes surgissent sur fond de manques relationnels, de défaut de tendresse, de frustrations affectives diverses. Quand on ne sait pas exprimer l'émotion d'amour, dire « je t'aime » et vivre l'intimité, on peut être tenté de jouer un jeu psychologique pour avoir son compte de signes d'attention.

Il arrive aussi que les disputes surviennent justement quand il y a *trop* de marques d'attention et d'amour. Certaines personnes se sentent très menacées quand elles sont aimées. La dispute met *in extremis* l'autre à distance et permet d'éviter une trop grande intimité.

Romain a quatre ans. Si on tente de prendre ce petit garçon dans les bras, il se débat. Car s'ouvrir, se laisser aimer par quelqu'un, c'est prendre un risque trop grand, celui de reprendre contact avec l'intensité des émotions vécues dans son court passé. Il n'avait que trois mois quand son père est parti. Un an plus tard, il a été abandonné par sa mère. Pour survivre à la détresse et à l'isolement, il a monté une muraille de protection entre lui et les autres. L'intimité lui paraît menaçante.

À quarante ans, Raoul ne peut toujours pas s'ouvrir aux autres, sous peine de voir resurgir de trop intenses peurs, rages et détresses. À peu de choses près, il a vécu une histoire semblable à celle de Romain. Comme lui, il s'est barricadé.

Un excès de gentillesse peut être intolérable pour un être qui a trop mal, la tendresse peut déclencher de fortes agressions, contre celui qui s'approche ou contre soi-même.

◊ *Faites-vous partie de ces adultes blessés qui ont peur de l'intimité ?*
☐ *j'ai du mal à prendre un ami dans mes bras*
☐ *je me sens gauche quand je reçois un cadeau ou un compliment*
☐ *je ne suis pas « bisou »*
☐ *je n'aime pas les « léchouilles »*
☐ *j'évite les contacts informels. Un pot dans le service en mon honneur, un anniversaire, un dîner chez moi, bref, toute occasion de recevoir compliments, hommages ou cadeaux, déclenchent des conduites d'évitement.*

Il est important de se souvenir que le but d'une dispute n'est pas de résoudre un problème, mais de l'entretenir. Elle apporte nombre de bénéfices : recevoir des signes d'attention (mieux vaut des signaux négatifs que rien du tout), éviter de prendre la responsabilité de ses sentiments et besoins en prenant le pouvoir sur l'autre (par l'accusation, la culpabilisation, le déni, la dévalorisation, la victimisation...), **se confirmer ses croyances négatives** (décidément...), éviter l'intimité. **Tout cela dans le dessein inconscient de maintenir le couvercle sur la vérité de la souffrance vécue enfant.**

◊ *Évoquez une dispute récente, et tentez de l'analyser :*
Ce qui a déclenché la dispute :
Qui a commencé à attaquer l'autre ?
Le coup de théâtre :
Qui s'est senti victime ?
Quelle croyance ai-je confirmée ? Décidément...

◊ *Que se passait-il en moi quand nous avons déclenché la dispute ?*
Je manquais de...

J'avais besoin de...
Je me sentais...

◊ *Qu'est-ce qui me fait peur dans l'intimité ?*

Un jeu se joue toujours à deux (ou plus), et on peut se demander ce qui pousse François à ne pas reboucher le tube de dentifrice, Françoise à ne pas revisser le couvercle des pots de confitures, ou à mettre systématiquement dans le lave-vaisselle les assiettes à la place des bols et inversement ? C'est une manière de fournir au partenaire des occasions de rouspéter... parce qu'on trouve des bénéfices inconscients à cette rouspétance.

Mélanie aime son mari, mais elle vit sur ce même schéma de reproches permanents. À l'analyse, elle identifie, au-delà de sa colère contre Stéphane, une colère profonde contre « les hommes », c'est-à-dire plus précisément son père. Elle réagit avec violence sitôt qu'elle se sent en train de s'identifier à sa mère, ou qu'elle détecte sous un comportement de son mari une similitude avec une attitude de son père.

Les disputes ont pour but de confirmer des croyances négatives sur soi, sur l'autre et sur la vie. Chaque fois que nous nous entendons dire « décidément... » nous pouvons suspecter une croyance ancrée en nous : « Décidément je suis nulle, décidément les hommes sont des enfants, décidément les femmes sont des empêcheuses de vivre simplement, décidément je suis incompris, décidément la vie en couple est impossible, décidément je ne suis pas digne d'être aimé... »

Nous mettons en place toutes sortes de comportements pour provoquer les réactions attendues de notre entourage et ainsi accumuler autant d'expériences renforçantes de nos croyances.

Analysons ensemble le système de scénario auto-renforçant [1] de Christian :

---

1. Ce concept de système de scénario auto-renforçant a été mis en lumière par Richard Erskine et Marilyn Zalcman. Il est décrit dans un article publié par le journal *Actualités en Analyse transactionnelle* vol.3, n° 12.

Christian manque de confiance en lui. Il se considère comme nul. De ce fait, il ne se met pas en avant. Il reste en retrait, s'exprime peu, se dévoile le moins possible (pour qu'on ne voie pas combien il est nul). Il n'ose prendre aucune initiative dans la relation de peur que ce ne soit jugé négativement... En conséquence, les autres l'oublient, se lassent de son contact, cessent d'entretenir une discussion dans laquelle ils ne trouvent pas suffisamment de répondant... Cette attitude confirme Christian dans son idée de lui. Puisque ces gens ne s'intéressent pas à lui, c'est bien parce qu'il est nul !

◊ *Tentez de repérer vos propres croyances. Commencez par remplir le tableau ci-dessous en notant les réactions fréquentes des autres à votre égard. Par exemple : Ils se désintéressent rapidement de moi. Ils me manipulent. Ils me rejettent. Ils m'oublient. Ils me critiquent. Ils sont là quand je suis sympa, dès que je parle de ce qui est difficile, ils fuient...*

◊ *Écoutez le « décidément » qui correspond. Quelques exemples : « décidément personne ne m'aime, décidément les hommes sont des..., décidément les femmes sont des..., décidément je suis la dernière, décidément les autres ne font jamais les choses correctement, décidément je finis toujours seul(e)... décidément je ne corresponds pas aux attentes des autres, il faut que je me conforme... »*

◊ *Observez vos comportements. Devenez attentif aux attitudes et façons d'être qui peuvent provoquer ces réactions des autres. Voyez comme le tableau tourne, comment vous faites vous-même votre malheur, comment vous êtes enfermé dans un système en boucle. En prenant la responsabilité de ce qui arrive dans votre vie, en prenant conscience de la manière dont vos conceptions sur vous-même, et vos comportements influent sur autrui, vous reprenez votre liberté.*

Voici le tableau de Christian :

Croyances	Comportements	Réactions des autres expériences renfor.
Je suis nul	retrait	Les autres ne me voient pas
	Je parle peu	
Les autres sont mieux	passivité	Ils ne s'intéressent pas à ce que je dis

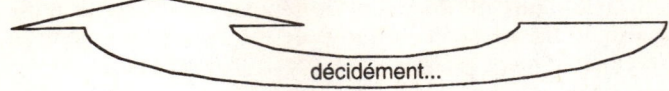

décidément...

Le vôtre :

Croyances	Comportements	Réactions des autres expériences renfor.

décidément...

Comment s'élaborent des croyances aussi destructrices sur soi et les autres ? Ces « décidément » se sont mis en place dans notre enfance pour survivre à une grande détresse, pour donner un sens à une douleur :

L'enfant ressent un besoin. Il appelle. Sa maman vient et satisfait le besoin. La boucle est bouclée.

Autre possibilité :

L'enfant ressent un besoin. Il appelle. Personne ne vient.

Il crie plus fort, il se met en colère, maman vient. Elle reconnaît la colère de l'enfant, satisfait son besoin. La boucle est bouclée.

Ou encore :

L'enfant ressent un besoin. Il appelle. Personne ne vient. Il crie plus fort. Il se met en colère. Personne ne vient. Il commence à avoir peur, il hurle, la terreur monte... Il ne peut rester ainsi. Constatant que ses hurlements restent sans réponse, il se résigne. Il retourne ses émotions vers l'intérieur, et tente de donner du sens à ce qui se passe. Son équipement psychique ne l'autorise qu'à une pensée égocentrique du type : « Si maman ne vient pas, c'est que je suis inintéressant, sans valeur, sans droit à l'existence. »

Cette croyance boucle la boucle. Maintenir la croyance conserve la clôture et permet d'éviter de ressentir de nouveau la détresse sous-jacente.

◊ *Avez-vous idée de la façon dont vous avez pu intégrer la croyance mise en évidence dans votre tableau ? Quels éléments de votre histoire ont pu concourir à forger cette décision ? Remontez loin dans votre passé.*

Les partenaires jouent des jeux quand ils ne vivent pas suffisamment d'intimité.

Contrairement à une idée reçue, les disputes ne sont pas inéluctables. Ces jeux psychologiques ont certes une fonction, mais ils détruisent la qualité de la confiance l'un dans l'autre.

Oui, il y a des couples heureux qui ne se disputent pas. Ils discutent, se parlent, s'écoutent et cherchent à résoudre les problèmes qui se posent.

Quand un couple dysfonctionne, il est utile de consulter un psychothérapeute qui aide chacun à sortir de son histoire. Il est dommage que la plupart des couples ne consultent que trop tard, c'est-à-dire quand une des deux parties a décidé de rompre.

6

Hommes et femmes jouent des jeux complémentaires

De manière générale, les femmes qui répriment leurs vrais sentiments ont tendance à critiquer, tandis que les hommes s'absentent, physiquement ou affectivement. Pourquoi ? Habitudes culturelles, éducation, inconscients personnels et collectifs, ce serait le sujet d'un autre livre. Démontons le mécanisme :

« Ça va ? » Roger ne répond pas. Il ne répond jamais. Il s'enferme dans un mutisme qui a le don d'exaspérer sa femme, elle s'énerve, sort de ses gonds... Devant ce qu'il dénomme alors « hystérie », il se renferme davantage... C'est le cercle vicieux de la non-communication.

Mal à l'aise avec ses sentiments, et de peur de se montrer vulnérable ou insuffisamment à la hauteur des espérances de sa femme (ou de ce qu'il en imagine), Roger tente de conserver la position haute dans la relation en gardant le silence. Insécure, impuissant à se dire, c'est sa seule façon de conserver du pouvoir sur sa femme.

« Les hommes sont éduqués à recevoir des signes de reconnaissances et les femmes à en donner, le cœur des premiers est froid et vide, les secondes sont facilement dépressives », disait Claude Steiner en conférence à Paris au mois de novembre 1995.

Parce que les hommes et les femmes ont vécu, enfants, des expériences distinctes, leurs peurs sont fondamentalement différentes... et complémentaires dans les jeux psychologiques. L'esquisse suivante ne prétend pas dire la réalité de tous les hommes ou de toutes les femmes. Elle est une généralisation, abusive comme toutes les généralisations. Ce n'est qu'un schéma pour mieux saisir comment les carences de l'un le mènent à construire des défenses qui rencontrent celles de l'autre.

Nombre de femmes ont pour peur centrale d'être abandonnées. Elles se sont senties lâchées par leur mère. Alors elles s'accrochent à l'homme de toutes leurs forces, de tout leur cœur, de toute leur âme. Elles se rassurent sur leur identité dans la proximité physique, elles ont besoin de contact intime. Elles cherchent à tisser autour de l'homme des filets qui le maintiendront auprès d'elles.

Mais les hommes qui ont eu des mères trop envahissantes détestent ces toiles d'araignées qui tentent de les retenir. Ces dernières ressemblent trop aux tentacules mystérieux de leur mère.

Eux ressentent d'abord l'angoisse de l'envahissement. Parce qu'ils n'ont pas appris à dire non, à affirmer leurs limites et leur identité. Parce qu'ils n'ont pas eu la permission de désobéir, ou pire de « faire de la peine à maman ». Ils ont peur d'être submergés comme ils l'ont été par les affects de leur mère.

Pour se trouver eux-mêmes, percevoir le sentiment de leur identité, ils ont alors besoin d'indépendance, d'action, de distance. Dans un nid trop douillet, ils peuvent se sentir dépossédés de leur virilité. L'intimité les insécurise, parce qu'ils l'associent à une menace pour leur autonomie. Ils se sentent responsables des émotions de leur compagne comme ils se sont sentis responsables des émotions de leur mère. En conséquence, ils supportent mal les débordements affectifs de leur compagne, mettent de la distance, ce qui insécurise la femme et l'incite à resserrer sa toile... Faites de peurs mutuellement renforcées, les relations infernales entraînent les couples dans un engrenage fou.

Parmi les hommes qui ne sont pas dégagés de leur mère, certains voient les femmes comme de véritables pieuvres, dont l'emprise les fascine et les terrorise. Ils peuvent choisir des femmes qui sont plus jeunes qu'eux, étrangères issues de pays en développement et/ou femmes socialement dévalorisées, des fleurs fragiles à protéger et à guider dans la vie.

Ils peuvent aussi se dégager des projections de leur enfance et s'apercevoir que les tentacules ne sont que le reflet de leur propre dépendance, et que si pieuvre il y a, ce sont plutôt les femmes très douces, très timides et très insécures qu'ils ont tendance à choisir, et non les femmes adultes et responsables qui, elles, se réalisent de façon autonome.

Parmi les femmes qui ne sont pas dégagées de leur père, certaines voient les hommes comme de drôles d'oiseaux farouchement indépendants et susceptibles, qui les attirent magnétiquement, mais avec lesquels il faut manœuvrer avec précaution de peur qu'ils ne partent.

Pour éviter ce risque, elles peuvent choisir d'épouser un oisillon « tombé du nid ». Soit elles sont de bonnes mères, et l'oisillon s'envolera sitôt réparé pour convoler avec une plus jeune oiselle. Soit elles choisissent d'exercer leur pouvoir de mère, et de lui couper les ailes. Mais l'oiseau ainsi castré le sera aussi pour elles. On ne peut être épouse et mère de son mari.

Les blocages de ces hommes et de ces femmes sont différents, mais pas moins importants. Les femmes ont la réputation d'être plus émotives. Nous avons vu que cette émotivité de surface peut être une défense contre les véritables émotions.

Cessons de nous reprocher les uns les autres nos comportements respectifs. Prenons chacun la responsabilité de nos émotions et besoins.

7

Rancunes et désirs de vengeance

Céline conserve une grande rancœur envers son ex-mari. Ils vivaient ensemble depuis sept ans quand il a brutalement décidé de partir. Elle s'est sentie abandonnée. Elle l'a harcelé au téléphone, demandant à lui parler pour comprendre ce qui s'était passé... pour mieux l'insulter. Elle a refusé le divorce, tenté d'altérer son image auprès de leurs amis et famille. Cinq ans plus tard, elle lui en veut toujours et est incapable de nouer une nouvelle relation. Sa rancune l'empêche de faire le deuil de ce premier mariage.

Toute cette rage projetée sur Daniel lui évite de regarder sa propre réalité. En thérapie, elle accepte enfin de considérer sa part de responsabilité dans l'histoire. Un jeu se joue toujours à deux ! Céline s'est toujours montrée dépendante de Daniel. Elle lui reproche son manque de gratitude. Elle lui a tant donné ! En y regardant de plus près, elle avoue qu'elle donnait... pour se faire aimer, pour justifier son existence. Elle faisait certes passer les besoins de Daniel avant les siens, mais c'était parce qu'elle avait peur de se montrer elle-même.

À Daniel, elle montrait une image de jeune femme gaie et entreprenante. En réalité, elle avait besoin de lui pour se sentir digne d'avoir une place sur terre. Elle se sent flouée aujourd'hui. Elle se flouait elle-même dans cette relation.

Depuis quelques temps déjà, elle avait remarqué qu'ils ne se parlaient plus. Ils s'ennuyaient ensemble. Elle n'avait pas voulu soulever le problème. Quand il tentait d'aborder le sujet, elle plaisantait, riait, noyait le poisson. Elle ne voulait pas voir le problème. Il a fini par partir.

Quand il l'a quittée, elle s'est sentie « abandonnée ». Un adulte peut abandonner un enfant, un animal ou un objet... quelqu'un ou quelque chose de dépendant de lui. Un homme ou une femme adulte en pleine possession de ses moyens et de sa liberté personnelle peut être quitté, mais pas abandonné. Dans un pays où hommes et femmes ne sont pas égaux, dans une nation où les femmes n'ont pas de droits et sont soumises à un homme, elles peuvent être abandonnées. Ce mot sous-entend la dépendance de l'un à l'autre.

Ce sentiment d'abandon renvoie Céline à son manque d'autonomie... et à l'abandon bien plus ancien réellement commis celui-là, par sa mère. Ce premier abandon d'une durée de quelques semaines à l'âge de deux ans, non parlé, non reconnu, a créé un traumatisme à l'origine de son manque d'estime d'elle-même et d'autonomie.

Céline s'enferme dans une position de victime, évitant ainsi de regarder sa part de responsabilité et de se confronter à ce douloureux passé. Attribuant le rôle de persécuteur à Daniel, projetant sur lui ses sentiments négatifs, elle protège l'image idéalisée de sa mère.

◊ *Vous êtes rancunier (ère) ?*
Quel bénéfice y trouvez-vous ?

◊ *Vous désirez vous libérer de vos récentes et vieilles rancœurs :*
1. Reconnaissez votre part de responsabilité dans le problème.
Quelle action (ou absence d'action) de votre part a pu inviter ce comportement chez l'autre ?
Vous êtes-vous caché quelque chose ?
Qu'est-ce que vous n'avez pas su dire, pas pu dire ?
2. Exprimez clairement à celui qui vous a blessé votre besoin et votre demande de réparation.

Vous avez perdu de vue la personne ? Elle a disparu de votre vie, et vous ne savez ni où ni comment reprendre contact ? Vous ne pouvez plus demander réparation, il vous faut vous réparer vous-même. Ne continuez pas pour autant à porter ce poids. Écrivez-lui votre reste de rancœur et postez-lui la lettre avec une adresse fantaisiste mais signifiante ou brûlez-la en la lui adressant mentalement.

Attention, une adresse porteuse d'agressivité comme : « 13 rue du Diable, En Enfer » peut souligner que vous n'êtes pas libéré de votre ressentiment !

◊ *Je veux me libérer du ressentiment que je porte à...*
1. Ce que je lui reproche :
2. Ma part de responsabilité :
3. Ce que je lui reproche une fois ma part de responsabilité dégagée :
4. Mon besoin frustré était...
5. Mon besoin frustré est aujourd'hui...
6. En guise de réparation, je peux lui demander...

V

CONJUGUER L'AMOUR EN COUPLE

Comment fonder les bases d'un couple heureux ? Tout le monde le dit, il est important de s'aimer soi-même pour accepter d'être aimé et éviter les jeux de pouvoir décrits au précédent chapitre. Mais comment faire pour s'aimer ?

Une fois l'âme sœur rencontrée, la qualité de la communication entre les deux amants va déterminer l'atmosphère de la relation et son avenir. Pour que le quotidien ne tue pas l'amour, il y a quelques recettes.

*Oui, le bonheur en couple longue durée, c'est possible ! Pour cela il y a deux clefs fondamentales : **être soi et écouter l'autre être lui**. Vous avez bien lu, non pas « laisser » l'autre être lui, mais « l'écouter » être. C'est une dimension d'accompagnement toute différente.*

1

S'aimer soi-même
pour accepter l'amour de l'autre

Béatrice a du mal à se sentir aimée par son mari. Il manifeste pourtant son amour par beaucoup de tendresse et d'attentions. « Je pense qu'il m'aime, mais je n'arrive pas à m'en persuader », dit-elle.

Il y a longtemps, elle a vécu un événement très douloureux qui a marqué sa vie affective. Son premier amour est mort dans un accident sans lui avoir jamais dit qu'il l'aimait. Ils ne se disaient pas de mots d'amour, mais sortaient ensemble régulièrement et flirtaient abondamment. Ils étaient tellement bien l'un avec l'autre. Cet homme avait une autre amie, Béatrice le savait. Lors du décès de leur amoureux commun, cette femme, d'une voix sèche et dure lui a asséné : « Tu n'étais qu'une passade pour lui, tu n'avais aucune importance. Il s'amusait avec toi, mais il ne t'aimait pas. »

Stupéfaite, Béatrice n'a pas su réagir et s'est sentie profondément blessée. Elle n'avait pas suffisamment confiance en elle pour pouvoir se convaincre du contraire. Elle se sentait si peu le droit d'être aimée. Déjà ses parents étaient inattentifs à ses émotions profondes, ne l'écoutaient pas et ne verbalisaient pas leur amour. Le décès prématuré de cet homme et les mots vengeurs de la jeune femme lui ont asséné le coup de grâce. Elle en a conclu : « Jamais un homme ne pourra m'aimer. »

Incapable de pleurer un amour redéfini comme non-amour, jamais elle n'a pu faire le deuil de cette première relation, de ce premier homme, puisque tout cela était censé ne pas avoir existé. Elle s'est enfermée dans une carapace, qui l'a empêchée longtemps d'aimer.

Son mari pouvait développer des trésors d'imagination pour la combler, apporter mille et une preuves de son amour... Béatrice ne voulait pas, ne pouvait pas y croire.

Pour modifier cette croyance négative, j'ai accompagné Béatrice dans ses souvenirs de jeunesse. Revivant son histoire, elle a retrouvé l'accès à ses émotions d'alors. La jeune femme qu'elle était, soutenue par la femme d'aujourd'hui, savait ce qu'elle avait vécu. Les mots de l'autre femme ont perdu leur capacité de nuisance.

Elle s'est mise à l'écoute de la jeune fille qu'elle avait été, une vague de tendresse l'a envahie. Cette jeune Béatrice était décidément digne d'être aimée !

Une fenêtre intérieure s'est ouverte dans son cœur, et l'amour de son mari a pu enfin pénétrer en elle.

◊ Donnez-vous la permission d'être aimé(e).
Dites à haute voix, et en restant attentif(ve) à ce qui se passe en vous : « J'ai le droit d'être aimé(e). » Répétez cette même phrase une dizaine de fois.
Est-ce facile ? Ressentez-vous une vague de chaleur et de communion avec le reste du monde en prononçant ces mots ? C'est bon, vous vous aimez.
C'est difficile ? Ça sonne faux ? Persévérez. Tous les jours répétez-vous cette phrase : « J'ai le droit d'être aimé(e) » et observez sa résonance.

◊ Explorez ce qui vous donne dans votre vie l'impression de ne pas être aimé(e).
Cherchez dans votre passé, d'où peut venir ce sentiment de ne pas être aimé ? À quelles occasions l'avez-vous déjà ressenti ?

*◊ Regardez des photos de vous à différents âges. Réveillez plus que le **sentiment d'amour** pour vous, respirez profondément, jusqu'à vous sentir envahi(e) par **l'émotion d'amour**.*

2

Les conditions du bonheur : sécurité et pouvoir sur soi

Dans le couple comme ailleurs, pour s'épanouir et être heureux, les humains ont besoin de se sentir en sécurité et d'avoir du pouvoir sur eux-mêmes. Un sentiment de mutuelle gratitude unit alors les deux tourtereaux et l'émotion d'amour se vit plus souvent.

Une relation saine est la rencontre de deux personnes qui se montrent authentiques l'une envers l'autre. Or l'expression authentique de soi nécessite un climat de confiance et de sécurité.

Une part de cette sécurité et de ce pouvoir réside en soi. À chacun de s'aimer suffisamment, d'être exempt de jugement sur lui-même, de dévalorisation, ou de survalorisation. **À chacun de prendre la responsabilité de lui-même, de ses émotions et de ses besoins, et de sentir qu'il a du pouvoir sur sa propre vie.**

Une autre part appartient au couple. Comment donner à mon/ma compagn/on/e sécurité et liberté ? Que demander à son compagnon/sa compagne pour se sentir en sécurité et libre ? Ce n'est pas si compliqué. On se sent en sécurité si l'autre exprime authentiquement ce qu'il est, ce qu'il ressent. Si le mensonge, le non-dit, le secret et les jeux de pouvoir sont absents.

Chacun se sent en sécurité si l'autre assume la responsabilité de lui-même et de ses besoins et ne les fait pas porter à l'autre. Chacun se sent en sécurité si l'autre parle de lui.

Chacun se sent libre s'il a la permission de s'exprimer et s'il est écouté sans être jugé. Pouvoir ainsi s'exprimer et être entendu donne un sentiment de liberté, de gratitude, de pouvoir sur sa propre vie.

Pour grandir en couple, il me paraît utile de s'engager mutuellement sur un certain nombre de points :

Contrat de coopération :

Je suis responsable de mes émotions et je te dis ce que je ressens.

Je prends la responsabilité d'identifier, de formuler mes besoins, et de faire des demandes claires.

Je m'engage à...
— être franc ;
— m'abstenir de juger ;
— éviter les jeux de pouvoir (ne pas me soumettre, me poser en victime, ne pas persécuter, blesser, ne pas faire quelque chose sans avoir envie de le faire, ne pas faire plus que ma part).

Le contrat n'est pas facile à tenir, j'en conviens. Nos compétences en termes de grammaire émotionnelle sont insuffisantes pour ne pas faillir. Nous savons à peine distinguer nos émotions les unes des autres, quant à identifier un besoin... Mais la vie en couple, les réactions du partenaire vont nous alphabétiser rapidement ! Ce contrat, cet engagement vis-à-vis de soi-même de s'abstenir de jeux de pouvoir et de jugement autorise le conjoint à nous confronter s'il nous surprend en flagrant délit ! Nous percevrons alors cette confrontation comme aidante, et non comme une agression.

L'engagement est réciproque mais, en réalité, ce sont

deux engagements unilatéraux. **Chacun s'engage vis-à-vis de lui-même**, et non pas de l'autre. Quand l'engagement est pris envers le partenaire, les sentiments de contrainte, de dépendance, de manque de liberté et de pouvoir sur soi ne sont pas loin.

◊ *Êtes-vous prêt(e) à vous engager en ratifiant le contrat de coopération ? à perdre les bénéfices de vos jeux psychologiques ?*
Que ressentez-vous ?

◊ *En vous engageant ainsi, vous prenez une grande décision pour votre épanouissement personnel, mais mesurez combien il est parfois difficile d'assumer en permanence la responsabilité de ses comportements, émotions et besoins !*

3

L'expression de soi sans jugement sur l'autre

L'acceptation inconditionnelle de l'Être n'invite pas à la tolérance de tous ses comportements.

On parle beaucoup d'acceptation inconditionnelle. De quoi s'agit-il ? Est-ce que cela signifie que l'on accepte tout de l'autre ?

Non, l'acceptation inconditionnelle est simplement en rapport avec la faculté d'exprimer ses émotions et besoins sans jugement sur l'autre.

Anselme raconte à ses copains médusés comment il a arrêté le cigare en trois semaines. Il commence une histoire d'amour avec une femme qui ne fume pas. Les copains ne comprennent pas, Anselme a déjà eu plusieurs relations avec des non-fumeuses, elles avaient beau insister, menacer, lui démontrer la toxicité de son comportement sur sa santé, peine perdue. Qu'a-t-elle de spécial celle-là ?

Anselme nous livre son secret :

« **Elle n'a pas essayé de me changer.** Elle m'a demandé de ne pas fumer chez elle, c'est normal. Mais elle ne m'a pas fait la leçon, rien. Pour voir, j'ai testé, on s'est arrêté en voiture, elle est descendue acheter un journal, en l'attendant j'ai allumé un cigare dans ma voiture, fenêtres ouvertes tout de même. Quand elle est revenue, elle n'a rien dit. Je veux dire, elle n'a pas fait semblant, elle m'a dit "tu sens le tabac", mais c'était amoureux, sans reproche. Je n'ai pas envie de fumer en sa présence. Je l'aime, elle est de plus en plus présente dans ma vie, pour me rapprocher d'elle peut-être, ou bien de moi... Peu à peu, je n'ai plus eu envie d'allumer un cigare. Je n'ai pas vraiment fait exprès, mais je me suis rendu compte que j'oubliais de fumer. »

Le non-jugement fait des miracles dans la relation. C'est une attitude qui ouvre un tel espace de sécurité et de liberté que l'autre se sent vraiment bien à vos côtés... Mais si ses parents avaient l'habitude de le juger, il aura besoin de s'habituer à votre différence.

Si vos phrases parlent de vous, de vos besoins, de vos émotions, votre partenaire est invité à se centrer sur vous. Vous l'incitez à porter son attention sur votre vécu.

Si vos phrases parlent de lui/d'elle, votre partenaire peut se sentir blessé. Jugé, évalué, il est atteint dans sa personne. Il est bien naturel qu'il se protège des blessures, il aura donc tendance soit à répliquer vertement, soit à se culpabiliser (ce qui n'arrangera pas vos affaires), soit à se défendre d'une autre façon, mais certainement pas à se mettre à l'écoute de vos besoins.

◊ *Que reprochez-vous à votre partenaire ?*
Quels sont vos besoins en regard de ce comportement ?

◊ *Vous pouvez transformer vos phrases habituelles en expression de vos besoins.*
Par exemple :
« Tu ne t'occupes jamais des enfants » peut être avantageusement remplacé par :
« J'ai besoin d'avoir du temps pour moi. Je te demande de me décharger de la responsabilité des enfants ce soir. »
« Tu as tout le temps mal à la tête » peut devenir :
« J'ai vraiment envie de toi ce soir. Je te demande de discuter maintenant de ce mal de tête et de notre relation. »

◊ *Pour contrebalancer votre tendance au jugement négatif, nommez trois qualités que vous admirez chez votre partenaire.*
—
—
—

4

L'intimité

Mireille se confie : « Je ne m'ennuie jamais quand je suis seule, mais avec Patrick, parfois je ne sais pas quoi dire, pas quoi faire... »

L'ennui surgit quand l'intimité est impossible, quand les mécontentements se taisent, quand secrets et non-dits habitent et nourrissent les silences.

« Je n'ai rien à lui dire » signifie en fait « Je n'ose pas lui dire ce qui me préoccupe vraiment ». On s'ennuie l'un avec l'autre parce que des choses indicibles font obstacle à la communication.

La communication intime, portant sur les émotions et sentiments, est essentielle pour la vitalité d'un couple.

« Je veux bien, mais il ne me parle pas. Je lui demande de me dire qu'il m'aime, de formuler ce qu'il ressent à mon égard, il refuse de parler de ce genre de choses. »

Avant d'attendre une ouverture de la part de l'autre, de l'accuser de non-communication, il est essentiel de prendre sa part de responsabilité dans la difficulté relationnelle. « Est-ce que j'ai une part dans ce que je lui reproche ? »

Il est utile de parler de soi sans attendre une réponse, de parler dans le dessein de s'exprimer, de se dire, d'être authentique. C'est une façon d'ouvrir une porte.

> ◊ *Parlez-vous de ce que vous ressentez à votre partenaire ?*
> *Partagez-vous également sur vos peurs, vos frustrations, vos joies et vos peines ?*
> *Lui racontez-vous ce que vous ressentez au travail ?*

Lors d'un entretien, Thérèse me dit que son mari ne lui parle pas beaucoup. Elle aimerait bien en savoir un peu plus sur son travail, peut-être rire avec lui des anecdotes arrivées pendant la journée, connaître les clients... Mais elle avoue qu'elle ne lui demande jamais de parler de sa journée. « S'il ne m'en parle pas c'est qu'il n'en a pas envie, je ne vais pas l'embêter ! » D'ailleurs, elle ne parle pas non plus de son propre travail. Elle ne veut pas l'ennuyer. « Il n'y a rien à raconter », dit-elle. À force d'avoir peur d'embêter l'autre, ils ne savent plus quoi se dire. C'est ainsi que l'ennui s'installe peu à peu. Thérèse ne sait pas vivre l'intimité. Elle ne s'exprime pas, et ne cherche pas à pénétrer le monde de l'autre, pas même celui de son compagnon.

Les parents de Thérèse ont divorcé quand elle avait douze ans, une séparation fort traumatique puisque, de ce jour, son père a commencé à boire. Quand je lui demande les raisons de ce divorce, elle réfléchit un instant puis me répond qu'elle ne le sait pas. Comment ses parents ont-ils ressenti la séparation ? « Je ne sais pas. » Ses parents ne lui ont rien dit. Ni l'un ni l'autre ne parlent jamais de ce qu'ils ressentent, et non seulement Thérèse n'aurait pas osé le leur demander, mais elle n'y a tout simplement jamais pensé. Pourtant, oui, à la réflexion elle aurait bien aimé comprendre leurs motivations, leurs pensées, leurs sentiments. Mais, dans sa famille, on ne se parle pas de ces choses-là.

C'est notre premier rendez-vous. Je remarque que Thérèse me répond consciencieusement ; elle continue de se comporter en petite fille sage comme elle a appris à le faire. Elle me *répond*, mais elle n'aborde pas spontanément les sujets qui la préoccupent. Elle reste plus passive qu'active dans la relation, comme si elle était là pour moi, et non moi pour elle. Je note cette attitude à mon égard et l'ajoute à ce

« je ne sais pas » qui m'avait étonnée. Manifestement, Thérèse a l'habitude de faire ce qu'on lui dit sans poser de questions. Elle a appris à être là pour les autres et existe peu dans la relation. Je peux penser qu'elle a eu des parents peu attentifs à ses besoins, et plutôt centrés sur eux-mêmes.

Au bout d'une demi-heure d'entretien, je l'invite à me poser à son tour quelques questions. Avant d'entamer un processus thérapeutique, il me paraît justifié de connaître différentes choses sur le thérapeute, son parcours, sa façon de travailler, ses valeurs... Elle me regarde ébahie. « Je ne sais pas quoi demander. » J'insiste. Elle reste silencieuse cinq longues minutes puis ose un timide : « Suis-je normale ? » Par ces mots, elle me dit son doute sur elle-même, son peu d'assurance devant les gens. Elle ne s'est pas autorisée à élaborer une question me concernant. Thérèse n'ose pas demander, n'ose pas pénétrer dans l'intimité de l'autre. Elle n'ose pas exister, ni faire exister les autres en les questionnant sur eux. Pour elle, les autres sont comme ses parents, impénétrables. Il est inutile de leur poser des questions.

L'intimité est un état de grande proximité. La distance à l'autre est abolie dans la confiance mutuelle. L'intimité peut être physique, affective, intellectuelle, spirituelle. Elle peut s'installer sur un plan et pas sur les autres, ou s'étendre sur tous les plans. Elle nécessite authenticité des sentiments, partage sans fard, regard nu, et absence de jugement.

Nous regardons la météo tous les soirs, prenons-nous suffisamment la température de l'autre ? Quelle est notre propre météo intérieure ?

« Je me sens orageux, je suis très en colère contre Gérard, mon collègue de bureau » est au moins aussi intéressant que « qu'est-ce qu'il a fait chaud aujourd'hui ! ».

« Quel temps fait-il en toi ? » est autrement important que « Il a plu aujourd'hui, là où tu étais ? »

◊ *Ce soir, pensez à votre journée, évoquez-la avec votre compagne/on et formulez trois sentiments ou émotions ressentis. Posez-lui des questions sur sa journée. Aidez-le(a) à mettre des mots sur les émotions ressenties... SANS JUGEMENT !*

5

Liens de cœur à cœur et mots d'amour

L'intimité se nourrit de mots d'amour :

◊ *À quel rythme dites-vous « je t'aime », les yeux dans les yeux, sans bloquer votre respiration, à votre amoureux, compagne ou compagnon de vie ?*
☐ *tous les jours*
☐ *au moins une fois par semaine*
☐ *de temps en temps*
☐ *rarement*
☐ *jamais*

Les mots d'amour entretiennent la relation au quotidien. Ils constituent une véritable hygiène de la relation. Si la relation n'est pas suffisamment bonne pour vous donner envie de prononcer cette tendre phrase, il est urgent de discuter de la relation, de vous libérer de la colère qui gronde en vous, de vos peurs... pour rétablir l'harmonie du couple.

◊ *Vous aimez, mais vous n'arrivez pas à prononcer les mots qui disent votre amour ? Qu'est-ce qui vous retient ?*
☐ *j'ai peur... de quoi ?*
☐ *je n'en ai pas l'habitude*
☐ *je me sens gauche*
☐ *je ne sais pas*

◊ *Respirez un grand coup, prenez votre courage à deux mains, et osez !*
Osez un vrai « je t'aime », les yeux dans les yeux, en respirant dans votre bassin, en laissant l'émotion d'amour brûler dans votre poitrine puis vibrer partout en vous, de la tête aux pieds. Quelques larmes peuvent perler aux coins de vos yeux.

Qu'est-ce que vous appréciez particulièrement chez votre partenaire ? Quelles sont ses principales qualités ? Qu'admirez-vous en elle/lui ? Savez-vous lui faire des compliments ?

◊ *Les dix principales qualités de mon partenaire sont :*
1.   2.
3.   4.
5.   6.
7.   8.
9.   10.

◊ *Pendant les dix prochains jours, guettez le moment propice et faites-lui remarquer tendrement chacune de ces dix qualités. Un compliment par jour !*
Le sentiment d'amour sera présent. Faites de l'espace à l'émergence de l'émotion d'amour en respirant profondément, en le regardant dans les yeux, en autorisant votre cœur à battre plus fort, en laissant la vibration parcourir tout votre corps. Aimez-le jusqu'aux doigts de pieds !

◊ *Posez votre main sur celle de votre partenaire, fermez les yeux, et respirez. Installez tout d'abord en vous une respiration calme et profonde, inspirez l'air jusque dans votre bassin. Puis, les yeux ouverts ou fermés, prolongez mentalement votre contact jusqu'à son cœur. Intérieurement établissez un lien de cœur à cœur. Laissez s'installer et s'épanouir la sensation de chaleur dans votre poitrine.*

◊ *Laissez les sensations de l'émotion d'amour vibrer dans tout votre corps.*

Le sentiment d'amour est intime, certes, mais il grandit quand on le clame. Affiché (sans ostentation, s'entend !), il s'approfondit. Quand l'amour n'est jamais manifesté en public, il est difficile d'avoir vraiment confiance dans la relation.

◊ *Souvenez-vous d'un moment où votre aimé a évoqué en public (devant quelques amis) l'amour qu'il vous portait. Qu'avez-vous ressenti ?*

◊ *Comment affichez-vous votre amour ? Trouvez trois manières de témoigner de votre amour en public.*

◊ *Osez... et observez les frissons de joie de votre partenaire.*

6

Savoir dire non

Tout n'est pas toujours rose dans un couple. Pour conserver malgré tout l'harmonie de la relation, ne pas céder au jeu de pouvoir, à la tentation de se soumettre ou de soumettre l'autre, il est nécessaire de savoir s'opposer.

Face au moindre achat ou devant une croisée des chemins, Maryse hésite sans fin, elle a peur de se tromper, de ne pas faire « le bon choix », elle quête l'approbation d'autrui. Dépendante des autres, de leurs désirs mais aussi de leur jugement, elle ne dit jamais non.

Maryse vit au quotidien avec des rideaux choisis par sa belle-mère. L'agencement des meubles et des objets dans sa maison, même la décoration de sa chambre, ne sont pas d'elle. Elle n'a jamais osé contrer les goûts ou les idées de son mari, de sa mère ou même de sa belle-mère. Pas étonnant qu'elle ne se sente pas vraiment chez elle. À vrai dire, elle ne se sent pas chez elle sur terre.

De peur de déplaire au partenaire, on peut hésiter à confier ses préférences pour tel ou tel restaurant, tel ou tel film, telle ou telle personne, ou tel ou tel comportement de l'autre, telle ou telle caresse. C'est pourtant ce qui révèle notre identité. Quand on cherche à se conformer aux attentes de l'autre, on finit par disparaître au profit d'une image qui nous enferme par la suite.

◊ *Savez-vous dire non ? Osez-vous manifester vos préférences, même si elles déplaisent à votre partenaire ?*

On peut être tenté de taire une difficulté : « je ne vais pas l'ennuyer avec ça », « ce sont des broutilles », « ce sont mes émotions, ça me regarde », « c'est mon jardin secret... » L'objectif conscient mis en avant est de protéger le couple des tourbillons. En réalité, **chaque émotion non partagée prépare la séparation.** De nombreux couples vivent ensemble depuis des dizaines d'années sans se parler. Je pense qu'ils sont séparés, sinon physiquement, du moins affectivement.

Pourquoi est-ce si difficile de dire NON ?

◊ *Si je dis non, j'ai peur de...*
- □ *ne plus être aimé*
- □ *faire de la peine*
- □ *provoquer une rupture*
- □ *prendre des coups*
- □ *transgresser : j'ai le sentiment que je n'ai pas le droit d'avoir des désirs personnels*
- □ *autre...*

« Tu viens au cinéma ce soir avec moi ? » demande Doris.

Si Marc acquiesce à la proposition de Doris, la boucle est bouclée. Tout va comme sur des roulettes. En revanche, si Marc décline l'offre, il y a comme une rupture. Une cassure telle que la plupart d'entre nous se sentent obligés de se justifier, comme pour réparer la relation mise à mal par le refus.

Quand Marc dit oui à Doris, il s'inscrit dans le prolongement du désir de son amie. S'il refuse, il dit en substance à Doris : « Je ne suis pas la continuité de ton désir, j'existe avec mes désirs et besoins propres. »

Dire non, c'est se positionner en face d'autrui comme différent, revendiquer ses propres désirs. En refusant, je prends une place de sujet. En obtempérant à tous les désirs d'autrui, je me positionne comme objet.

Bien sûr celui qui dit toujours oui est apprécié (puisqu'il fait ce qu'on lui demande). Dans le couple, au début, tout est rose, mais bientôt le partenaire s'énerve de ne pas rencontrer de résistance, de consistance chez cet éternel soumis... Les autres ont besoin de nous connaître pour nous aimer, ils ne le peuvent pas si nous nous dissimulons. Le partenaire se lasse de quelqu'un qui jamais ne s'oppose, qui n'exprime pas ses désirs et besoins.

Rose ne voit pas pourquoi elle dirait non. Elle ne sait pas vraiment ce qu'elle aurait à proposer ou à demander à la place. La question « de quoi as-tu besoin ? » la laisse pantoise.

Quand nos propres désirs nous semblent illégitimes, quand nous avons appris à les faire taire pour écouter ceux de nos parents, nous avons tendance à continuer de les ensevelir en nous. Nous restons persuadés qu'il n'y a pas de place pour deux. C'est lui ou moi, comme je n'y ai pas droit, c'est lui.

Comment redécouvrir ses besoins ? En écoutant et respectant ses émotions.

Vous êtes énervé(e) ? Exaspéré(e) par les disputes des enfants ? Vous critiquez votre partenaire ? Vos émotions vous informent sur vos besoins. Avec un peu d'attention à votre vécu intime, vous découvrirez vite quel besoin est frustré.

◊ *Je repère trois de mes besoins :*
—
—
—

◊ *Je décide de les exprimer à mon partenaire.*

◊ *Aujourd'hui, je dis non à toutes les demandes de mon partenaire. (Après avoir dit non, vous pouvez éventuellement revenir sur votre décision, mais ce sera véritablement votre choix, et non un oui automatique. L'entraînement à dire non systématiquement pendant une courte période vient contrebalancer l'habitude de dire oui un peu trop vite.)*

◊ *Une fois que je me suis entraîné(e), la semaine suivante, je dis NON (et je m'y tiens) à trois demandes de mon partenaire.*

7

Exprimer un mécontentement

◊ *Dans les propositions suivantes, rayez les mentions inutiles et ajoutez ce qui vous ressemble :*
— Je lui dissimule mes mécontentements / ma colère / mes tristesses / mes joies / mes succès / mon ambivalence / mes peurs...
— parce que j'ai peur qu'elle/il...

Quand vous êtes mécontent, quand un de vos besoins n'est pas satisfait, quand vous avez mal, quand votre partenaire vous a blessé, frustré, il est fondamental pour votre couple de le lui dire clairement. Si vous ne lui signifiez pas ce que son comportement provoque sur vous et sur votre couple, il peut ne jamais en prendre conscience. Non, il n'est pas censé deviner. Chaque personne a son histoire et lit le quotidien à sa manière personnelle. Les hommes et les femmes ont des habitudes distinctes. Il est tout à fait irréaliste de croire par exemple « s'il m'aimait vraiment, il ne ferait pas cela ».

Attention à formuler votre ressenti avec pour but de résoudre un problème et non de prendre le pouvoir dans la relation !

Pour qu'une remarque soit entendue, elle doit être absolument sans jugement. Elle porte sur un comportement, jamais sur l'être. Toute suspicion d'accusation, de culpabilisation, de jugement, entraîne aussitôt chez l'autre un processus défensif tel qu'il n'entendra plus la confrontation, la dévalorisera ou n'en tiendra pas compte.

Une excellente façon de faire échouer une discussion est de la provoquer à un moment inopportun. Soyez attentif à choisir votre instant. Si vous n'intervenez pas à chaud, informez votre partenaire de votre désir de clarifier un point de votre relation, et demandez-lui son accord pour en parler. N'hésitez pas à prendre rendez-vous pour avoir du temps et être tous deux disponibles.

Julie a résisté longtemps à cette idée : « Je ne vais pas prendre rendez-vous avec lui pour parler de nous. On n'a pas besoin de ça. Ce doit être spontané ! »

Qu'est-ce qui se cachait derrière cette résistance ? Julie n'a pas tardé à le découvrir. Choisir date et heure de rendez-vous avec son conjoint pour discuter de la relation, c'était prendre la responsabilité de ses désirs et besoins. Exit le prince charmant qui devine les problèmes et solutionne tout pour vous sans que vous ayez à lever le petit doigt ! Elle préférait conserver ses attentes magiques... et parallèlement engranger du mécontentement envers son mari sur le mode : « Moi je suis bien. Lui, il est nul. »

Et en filigrane, Julie a découvert sa peur du refus de Martin. Tant qu'elle ne demandait pas clairement, elle pouvait le mépriser pour son inattention. Mais qu'il dise « je ne veux pas » aurait terrifié Julie. Elle préférait rester dans un flou somme toute rassurant, se contentant de piquer une crise de temps en temps. Martin avait appris à laisser passer les orages. Rien ne changeait dans la relation. Mais, insensiblement, l'écart se creusait.

Prendre rendez-vous est loin d'être ridicule dans un couple. C'est respecter suffisamment ses propres besoins pour leur donner espace et temps, c'est assumer la responsabilité de ses désirs, ne pas les faire porter par le conjoint. C'est respecter ce dernier en évitant de l'interpeller sans préparation. C'est s'assurer que les deux partenaires sont disponibles et désireux de parler d'eux au même moment. C'est prendre le risque de permettre au partenaire de s'exprimer librement. C'est aussi se donner la permission de se préparer psychologiquement et d'être plus attentif aux mots employés. C'est donc mettre toutes les chances de son côté pour que la discussion soit productive, s'oriente vers la résolution du problème et non vers une dispute.

Éviter jugements et jeux de pouvoir n'est pas aussi simple qu'il y paraît. Les habitudes peuvent se mettre en travers des meilleures intentions.

Là encore, mettez de côté vos préjugés sur la spontanéité et osez prendre un papier et un crayon pour préparer vos phrases. Vous préparez bien par écrit vos rendez-vous-client, vos entretiens d'embauche, et toute rencontre lorsque les enjeux sont d'importance... Les gens efficaces le font. Pourquoi donneriez-vous plus d'importance à un rendez-vous-client qu'à une rencontre amoureuse ?

Respectez-vous suffisamment vos besoins, votre conjoint et votre couple pour prendre le temps de vous préparer ?

Vous avez votre crayon ? Allons-y. Il y a manière de structurer les phrases pour qu'elles soient entendues, en voici l'armature :

1. Les faits
2. Votre ressenti
3. Votre besoin
4. Votre demande
5. Une motivation pour l'autre

Cela donne une phrase du type :
Quand tu... (comportement très précis, jamais de généralisation)
    je ressens... (mon/mes sentiments ou émotions)
    parce que je... (mes attentes, mes besoins)
    et je te demande de... (un geste concret de réparation)
    de façon à ce que... (ce que gagne l'autre)

Voici deux exemples d'expression de sentiments authentiques :

« Quand je me suis retrouvée seule en train d'étendre tes chaussettes, je me suis sentie frustrée et en colère parce que j'ai besoin de sentir que tu partages les tâches ménagères avec moi. J'ai eu peur aussi que notre relation ne s'établisse sur cette répartition des tâches. Je te demande de comprendre ce que je peux ressentir quand tu me laisses faire ta lessive et de discuter d'un tour de rôle ou autre. C'est important pour notre couple. En écoutant ce qui se passerait en moi si je devais faire ta lessive, je me suis dit que je n'aurais rapidement plus envie de faire l'amour avec toi. Je ne désire pas que cela arrive. »

« Quand tu me dis "Tu as donné à manger au chien, bien sûr !" je me sens énervé et en colère parce que je n'ai pas entendu que tu me demandais de lui donner à manger. J'ai besoin que tu m'indiques ce que tu veux clairement plutôt que de souligner après coup ce que je n'ai pas fait. Je te demande de comprendre ce que je peux ressentir quand tu me parles de cette façon, et de reformuler ta demande sans jugement de manière à ce que je continue d'avoir envie de t'écouter et d'accéder à tes demandes. Quand j'ai l'impression d'avoir fait une faute, je ne suis pas disponible pour toi, j'ai envie de me retirer de la relation, d'allumer la télé et d'y passer ma soirée. »

1. Les faits

— Les faits doivent être énoncés aussi précisément que possible sous peine de voir votre phrase disqualifiée. Par exemple, « Quand tu me parles sur ce ton » va entraîner : « quel ton ? Je n'ai pas de ton... »

Pour être entendu, évitez absolument :

— les généralisations (tu ne fais jamais la vaisselle, tu te plantes tout le temps devant la télévision...)

— les interprétations (tu m'ignores, tu me rejettes...)

— les jugements (quand tu es insultant, quand tu dis des idioties...)

2. Votre ressenti

Soyez attentif à bien distinguer un sentiment d'un jugement qui pourrait en prendre l'apparence. Les mots « abandonné », « rejeté », « exclu », par exemple, présupposent que l'autre a abandonné, rejeté ou exclu. Ce ne sont pas des sentiments malgré l'usage verbal, mais des jugements. Ce qui nomme *l'action d'autrui* n'est pas *mon* sentiment.

Lorsque nous parlons à autrui de nos sentiments et émotions, nous ne devons parler que de nous, pas de lui. S'il y a dans ce que nous disons la moindre note de jugement sur l'interlocuteur, il ne pourra écouter. Il va se défendre, se culpabiliser, se justifier.

Vérifiez la pertinence de vos sentiments. Votre partenaire n'a pas à prendre en charge vos élastiques ! Les sentiments de substitution, les collections de timbres et autres sentiments parasites ne seront pas entendus. Vous ne toucherez le cœur de votre conjoint qu'avec des sentiments authentiques.

3. Votre besoin

Exprimez ici les raisons pour lesquelles vous ressentez ces émotions devant ce comportement. Quelles étaient vos attentes ? Quels sont vos besoins ? Parlez de vous. Pas de l'autre.

Vos besoins sont-ils justes ? Ou sont-ils des reflets de vos blessures d'enfance ? Attendez-vous de votre partenaire qu'il soit votre parent ? Attention aux conséquences ! Si votre mari se comporte en père, si votre femme agit comme une mère... votre sexualité en pâtira.

4. Votre demande

Cette étape permet la réparation de la blessure, le rééquilibrage de l'injustice, la satisfaction du besoin frustré. Ce n'est pas une demande de modification de comportement de l'autre pour le futur. « Je te demande dorénavant de ranger tes chaussettes » sera inefficace. Pourquoi ? C'est un ordre, une demande parentale qui entraînera de la rébellion. Même si vous la formulez très gentiment ou en faisant du chantage affectif « pour me faire plaisir... ». Personne n'aime être contraint. Votre demande ne peut concerner que vos besoins. En réalité, vous n'avez pas besoin qu'il/elle range ses chaussettes, vous avez besoin de voir vos sentiments respectés. C'est subtil, mais cela fait toute la différence. « Je te demande de ressentir ce que je vis quand je rencontre une de tes chaussettes par terre » permettra à votre partenaire de se centrer sur vous. Observez alors la magie !

Si votre partenaire ne s'éveille pas à ce que son comportement engendre en vous, il/elle ne changera pas. Au mieux il/elle se conformera à vos désirs un temps... puis oubliera, ou accumulera de la rancœur contre cette contrainte.

Si malgré vos efforts, votre partenaire ne parvient pas à comprendre votre réaction... Discutez-en davantage, parlez-en avec des amis... Il y a élastique sous roche (de votre côté, ou du sien).

5. Une motivation pour l'autre

La blessure, la frustration, l'injustice vous motivent. Mais votre partenaire ne voit pas forcément son avantage dans l'histoire. Lui n'est ni blessé, ni frustré... Montrez-lui les conséquences de la négation de vos besoins sur votre relation. Informez-le/la de ce que son attention à vos besoins modifiera dans votre attitude à son égard. Cette dernière partie n'est pas centrée sur vous. « De manière à ce que je me sente mieux... » n'aura aucun impact. Ou alors dans la dépendance et le chantage affectif, par la culpabilisation. Votre partenaire n'est pas en charge de votre bien-être ! Dites-lui ce que cela changera pour lui/elle !

◊ *Qu'est-ce que vous n'aimez pas dans les comportements de votre partenaire ? Choisissez un comportement qui vous dérange particulièrement. Qu'est-ce qui se passe en vous quand il/elle se comporte ainsi ? Identifiez vos émotions et sentiments. Après avoir vérifié que vos sentiments sont appropriés et non des élastiques, collections, substitutions... Construisez votre phrase de confrontation.*
Quand tu...
Je ressens...
Parce que je...
Et je te demande de...
De manière à ce que...

« Ça fait un an que je demande à mon mari qu'il repeigne les volets ! Il me dit "oui, oui" et il ne le fait pas. Il y a toujours une bonne raison : il gèle, il pleut, il a d'autres priorités... Je n'en peux plus. Je lui en veux, je ne sais pas comment arriver à me faire entendre. » Sophie a l'impression que son mari ne l'écoute pas, fait de l'opposition. Elle généralise : « Il ne fait jamais rien... »

En analysant avec moi le problème, Sophie se rend vite compte du décalage entre elle et Bernard. Que les volets soient bien peints ou pas, lui s'en fiche. Il dit oui à sa femme pour lui faire plaisir... Mais la question ne présente pour lui aucun caractère d'urgence. Il devenait temps de formuler clairement :

« Quand tu me dis oui et qu'ensuite tu ne le fais pas, je me sens en colère parce que je m'attendais à voir les volets repeints. Alors je te demande de me dire oui ou non. J'ai besoin de savoir à quoi m'en tenir pour éventuellement envisager une autre solution. »

Bernard a répondu non. Jusque-là les formulations de Sophie l'incitaient à dire oui ! En effet, il avait l'impression de ne pas avoir permission de refuser. Il ne se sentait cependant nullement engagé par ce oui extorqué. Sophie a confié le travail à un peintre. Quinze jours plus tard les volets étaient d'un beau bleu tout neuf.

Quand l'autre n'a pas le même besoin que vous, dites-lui ce que vous ressentez. Il peut éventuellement avoir envie de le faire pour vous, pour la qualité de la relation. Il peut aussi dire non. Demander clairement implique d'accepter un éventuel refus.

Votre compagne/on vous a blessé(e). **Tout comportement a une motivation.** Pour pouvoir pardonner, vous avez besoin de connaître cette dernière, de comprendre ce qui s'est passé pour lui. Ne pensez pas : « S'il m'aimait, il n'aurait pas fait ça ! » Les gens (tout comme vous) peuvent parfois faire des choses qui vous paraissent inacceptables soit parce qu'ils n'ont pas les mêmes références que vous, soit parce qu'ils sont mus par des impératifs inconscients. Oui, tout comportement a une motivation, et cette motivation ne vous concerne pas forcément.

Vous avez été blessé ? Après avoir exprimé vos sentiments, explorez ensemble ce qui s'est passé. Sans partage, il est impossible de pardonner. Il reste une faille dans la confiance mutuelle. On a toujours peur, même si on met un mouchoir dessus.

« J'ai passé l'éponge, c'est oublié » est une illusion dangereuse. Soit on a besoin de passer l'éponge parce que ce n'est pas encore net, il reste une tache. Le fait de comprendre dissout la tache. Plus besoin d'éponge ! Je passe l'éponge signifie j'absorbe (comme une éponge), je garde !

La blessure que m'inflige mon compagnon/ma compagne peut être une réponse à une injure, à une frustration qui me met en cause. Dans une relation, la responsabilité est partagée à 50/50. Mon comportement influe sur mon interlocuteur, sa réponse guide mon attitude. La communication est faite de boucles rétroactives. Nous interagissons les uns sur les autres.

Certains gardent pour eux reproches et rancœurs, pour se protéger de cette prise de conscience ! Françoise râle en sourdine contre son mari. Elle clame qu'il est inutile de tenter de lui parler, il n'écouterait pas. En réalité, elle est terrifiée à l'idée d'entendre en retour Gérard énoncer ses griefs ! Elle sait confusément qu'elle porte une part de responsabilité dans l'attitude de son mari, et refuse d'en prendre conscience. Il lui est plus facile de se plaindre de lui à ses amies.

Confronter l'autre, c'est accepter de regarder aussi sa part de responsabilité.

◊ *Regardez votre histoire de couple. Considérez un comportement blessant sur lequel vous avez « passé l'éponge ». Écoutez-vous. La blessure est-elle vraiment guérie ?*
Avez-vous conservé un doute ? Une rancœur ? Un malentendu ?

◊ *Dès ce soir, décidez d'en reparler avec votre partenaire. Prenez rendez-vous... Courage. Votre amour ne peut qu'en sortir grandi.*
Et décidez de ne plus jamais vous coucher fâchés.

8

Interprétations égocentriques et grain de vérité

Non, les réactions de l'autre ne sont pas fatalement dirigées contre vous. Non, il n'est pas en retard *pour* vous embêter. Il est temps de sortir de l'égocentrisme. Nul n'est parfait, celui que vous aimez a aussi ses blessures. Lui aussi peut être victime de circonstances difficiles. Ses comportements, ses attitudes, vous parlent... de lui ! Plutôt que d'interpréter sa tension, sa fermeture, ses remarques désobligeantes, voire son agressivité, comme dirigées contre vous, vérifiez ce qui se passe pour lui (elle) :

Stéphanie considère le visage fermé de son compagnon :
« Tu es triste ?

— Non, mais je suis préoccupé, lui répond Thierry. Mon frère est hospitalisé, je me sens impuissant, ce n'est pas facile à vivre. »

Vérifiez vos intuitions. Quand on vit ensemble, quand on travaille ensemble, on voit passer des émotions sur le visage des autres. En ne vérifiant pas ce qu'elles signifient, le risque est grand de les interpréter de manière égocentrique, c'est-à-dire centrée sur notre personne.

Nous prenons le froncement de sourcil comme un jugement négatif. Nous oublions sa réunion importante, l'entrée de son meilleur copain à l'hôpital, sa grand-mère mourante, le coup de fil de son patron... Ou bien nous retenons les faits, et oublions leur retentissement affectif.

« Tu ne me parles pas, tu ne m'aimes plus ! »

« Tu pleures ? Qu'est-ce que j'ai encore fait ? »

« Tu m'en veux pour hier, hein ! »

Des traits tirés, des yeux rougis, une attitude de retrait, un teint pâle, le silence, sont vite interprétés comme étant autant de signes de désinvestissement de la relation, de culpabilisation ou d'agressivité (c'est selon), alors qu'il n'en est rien.

La relation amoureuse nous confronte à nos fragilités, réveille notre histoire, nous avons tendance à interpréter les attitudes de l'être aimé à l'aide des lunettes filtrantes élaborées dans le passé.

Jocelyne, rejetée par ses parents, se sent abandonnée dès que son ami est en retrait.

Hubert se sentait responsable des sentiments de sa maman. Il était terrifié à l'idée de lui faire de la peine. À la moindre larme de sa compagne, il se sent coupable.

Pour ne pas laisser votre histoire altérer votre relation actuelle, osez en parler avec votre partenaire. Surtout si vous êtes convaincu de la justesse de votre interprétation !

Comment en parler sans l'énerver ? Demandez-lui tout d'abord : « Il y a des aspects de notre relation que j'interprète négativement. Puis-je te parler de ce que je vis ? » Vous signifiez ainsi clairement qu'il s'agit de *votre* interprétation, d'une construction de votre imaginaire. Votre phrase introductive n'accuse en rien, ne parle que de vous, pas de l'autre.

Mettez toutes les chances de votre côté en restant très attentif au non-jugement.

Quand tu... (action)

je me sens... (ressenti)

parce que j'imagine que tu ...

j'ai l'impression que tu...

Y a-t-il un grain de vérité dans mon impression ? J'ai besoin que tu m'indiques les véritables raisons de ton

comportement pour que notre relation reste confortable et épanouissante pour tous les deux.

« Quand tu sors sans rien me dire, je me sens désemparée parce que je me dis que tu ne me trouves pas intéressant(e) et que tu en as marre de moi. Y a-t-il un grain de vérité dans mon impression ? Je souhaite connaître les véritables raisons de ton comportement pour que nous puissions en discuter et maintenir notre relation sur de bonnes bases. »

« Quand tu pars dans ta chambre sans me regarder, ni me parler, j'ai l'impression que j'ai dit quelque chose qu'il ne fallait pas. Y a-t-il un grain de vérité dans mon impression ? J'ai besoin de savoir ce qui se passe pour toi de manière à ce que je retrouve ma liberté d'expression avec toi, et que notre relation reste constructive. »

◊ *Pensez à un comportement de votre ami(e) auquel vous réagissez d'ordinaire très fort. Quelle est votre interprétation de ce comportement ?*
Construisez une phrase pour le lui exprimer :

Il y a souvent un grain de vérité dans nos impressions

Quand votre partenaire exprime son interprétation, dites-lui la vérité. Écoutez en vous ce qui n'est peut-être pas très clair. Prenez conscience des motivations de vos comportements et livrez-les-lui. Ce sont des informations importantes pour votre relation.

« J'ai l'impression que tu ne m'aimes plus », dit Aletha à Bernard.

Ce dernier hausse les épaules :

« Mais si, je t'aime, qu'est-ce que tu vas chercher là ! »

Aletha se sent incomprise, elle est plongée dans la confusion, elle percevait quelque chose et Bernard lui dit le contraire. Qui doit-elle croire ? son mari ou ses propres perceptions ? Dans les deux cas, elle perdra le contact avec lui. En effet, si elle fait confiance à ses propres perceptions, elle est obligée de se rendre compte que Bernard lui dissimule une information. Elle peut se demander pourquoi, imaginer toutes sortes de choses. Elle perd confiance en lui. Si elle accepte les dires de Bernard, elle perd la confiance en son propre ressenti. Elle plonge dans l'irréel.

Pour quelles raisons Bernard répond-il ainsi ? Il ne veut pas s'embêter à décrire ses sentiments, il ne veut pas de « crise » à la maison. S'il parle, elle va encore argumenter... Mais au fond de lui, il le sait, Aletha n'a pas tort. Il y a quelque chose : il est furieux contre elle depuis plusieurs jours. La raison ? Dimanche elle a refusé de passer chez ses parents.

Aletha a réagi à un léger retrait de son mari. Elle a perçu une distance dans la relation. Sa formulation « Tu ne m'aimes plus » est excessive. Elle contient cependant un grain de vérité. Bernard n'est pas en contact avec son amour pour Aletha, il est en colère. En répondant « Mais si, je t'aime », il évacue le problème. Il lui dit cela pour la rassurer bien sûr, car il est clair que son amour pour elle n'est pas remis en cause par cette broutille. Il ne réussit cependant qu'à l'insécuriser davantage. Elle sent qu'il se passe quelque chose.

Répondre « mais si, ou mais non... » bloque la communication et met la relation en danger. L'autre se sent incompris. Vous ne faites pas cas de ce qu'il tente de vous exprimer, vous lui confirmez votre désintérêt. Aletha serait plus rassurée par la vérité.

Aletha porte une part de responsabilité. Elle a du mal à écouter vraiment Bernard. Quand il exprime quelque chose, elle a tendance à se justifier, à interpréter, ou à lui faire la leçon. Alors, il se tait.

Voici un exemple de dialogue constructif :
« J'ai tendance à interpréter un de tes comportements, pouvons-nous en parler ?
— Oui, bien sûr, je suis disponible, je t'écoute.

— Depuis quelques jours, tu me parles moins que d'habitude. Tu t'absorbes dans la lecture de ton journal, tu rentres de plus en plus tard. Alors j'ai le sentiment que tu es en colère contre moi, j'ai l'impression d'être mise à l'écart. Si j'écoute mon fantasme, je pourrais avoir l'impression que tu m'aimes moins. Y a-t-il un grain de vérité dans ce que je dis ?

— Écoute, c'est vrai, depuis quelques jours je suis énervé contre toi parce que je ne sais pas quoi faire. J'ai vraiment envie d'aller voir mes parents et tu ne veux pas venir. Je me sens coincé et je ne sais pas comment aborder le problème. Excuse-moi d'avoir eu ce comportement de retrait. Je n'arrivais pas à t'en parler. Dès que j'abordais la question, tu te fermais comme si ta position était immuable.

— Je te remercie de me dire ce qui se passait en toi. Je suis rassurée sur l'amour que tu me portes. C'est vrai. Je reconnais. Je n'ai pas écouté tes sentiments quand nous avons discuté de la visite chez tes parents. Il faut que nous trouvions une solution qui nous satisfasse tous les deux. Je suis d'accord pour en reparler ce soir après le dîner. Ça te va ?

— Ça me va. Je t'aime, et je te remercie d'avoir dit ce que tu ressentais et d'être ainsi attentive à notre relation.

— Je t'aime aussi, et je te remercie d'être qui tu es. »

Écoute empathique et accueil des émotions

Nombre de gens se sentent démunis devant l'expression d'une émotion. Interprétant l'émotion comme l'expression d'un problème, ils proposent conseils et solutions : « Pourquoi tu ne ferais pas... » « Tu n'as qu'à... », « Va donc à tel endroit... »

Une émotion n'a pas besoin de recevoir de solution ! Votre mari, votre femme, pleure, envahi d'une forte émotion ? N'hésitez pas à le/la prendre dans les bras. **La seule chose dont on ait besoin quand on vit une émotion... est de pouvoir la vivre jusqu'au bout**, d'être accueilli. Ne soyez plus démuni devant les sanglots de votre partenaire, **entourez-le de votre tendresse**, permettez aux larmes de couler.

Votre aimé est dans la peur ? Il veut être entendu dans sa peur avant d'être rassuré. De plus, il est possible qu'il n'ait jamais besoin d'être rassuré ! Une peur exprimée, accueillie et respectée... ne fait plus peur !

« J'ai peur de commencer à t'aimer ! » susurre Sylvie à Daniel.

En formulant sa peur, elle est en train de la dépasser.

Accueillez simplement d'un regard compréhensif. Partagez vos propres émotions.

Il est normal d'avoir peur à la veille d'une grande transformation. Peur d'un engagement, peur d'aimer, peur d'accoucher, peur de tout ce qui va changer quand l'enfant va naître, peur d'un déménagement, peur du départ des enfants, peur de la mort... Ce sont des peurs utiles. Elles nous préparent au changement. Elles nous aident à laisser aller l'ancien pour accueillir le nouveau.

N'avoir aucune peur n'est pas une garantie d'harmonie, ni intérieure, ni relationnelle. Au contraire, **le partage authentique au niveau émotionnel crée l'intimité, fonde les bases affectives du couple.**

Il ou elle a peur d'un examen, d'un entretien, d'une situation ? Vous pouvez lui tenir les mains, le/la caresser, frotter son dos, lui masser les épaules. **Le contact physique rassure.** Souvenez-vous, ni solution ni conseil (ou un peu plus tard). Aidez-le/la à préciser de quoi il/elle a peur.

Quand l'autre est prêt à prendre son courage à deux mains, et à lâcher la peur, vous pouvez le/la prendre dans les bras, le/la serrer contre vous brièvement (pour que votre réassurance ne devienne pas un obstacle de plus à dépasser).

Il ou elle est en colère ? Avant de vous justifier, d'expliquer votre point de vue, de vous défendre comme si vous étiez remis en cause dans votre existence... Prenez le temps d'écouter. Quand il/elle est en colère, ne le/la touchez pas. La colère a besoin d'espace pour s'exprimer. Regardez-le/la en face, bien dans les yeux (avec un regard acceptant). Et écoutez simplement sans faire ni la morale, ni la leçon. Sans vous culpabiliser !

Qu'est-ce qu'il dit de lui ? Qu'est-ce qu'elle dit d'elle ? C'est *son* vécu, cherchez à sentir ce qu'il ou elle sent, à vous identifier à ce qu'il vit pour mieux comprendre. Il a besoin d'empathie plus que de toute autre chose.

Si la colère vous est adressée, après l'avoir entendue et avoir reconnu votre éventuelle responsabilité, offrez réparation.

« Je comprends que tu sois en colère et pardonne-moi si je t'ai blessé, puis-je faire quelque chose pour réparer ? »

Si elle ne vous est pas adressée : « Que pourrais-tu dire ou demander à X pour réparer cette blessure en toi ? »

Il ou elle est triste ? Accueillez, permettez-lui de pleurer dans vos bras, ou seul, selon sa convenance. Ne consolez pas trop vite ! Imaginez une bouteille pleine de sirop noir. Pour la remplir de sirop rose ou jaune, vous devez tout d'abord la vider, et la rincer. Les larmes ont besoin de couler. Toute cette souffrance doit sortir, s'écouler au-dehors de ce corps et de cette âme. Visualisez-vous comme un grand vase qui accueille et recueille, non pas les larmes et la souffrance, mais la personne que vous aimez. Regardez-la avec tendresse au-delà des larmes. Laissez les vagues de l'émotion aller et venir librement, sans vous y attacher. Restez attentif à ce que vous pouvez percevoir au fond de la bouteille.

Il ou elle est plein de joie ? Ne cassez pas cette belle émotion. Ne l'interrompez ni avec une tâche ménagère, ni avec un excès de félicitations qui le couperait de lui. Écoutez-le. Posez-lui des questions pour lui permettre d'approfondir ses sensations et sentiments et l'aider à déguster sa joie. En racontant son exploit, sa rencontre, son expérience, il éprouve son sentiment. Regardez sa poitrine se gonfler, ses yeux briller. Associez-vous en posant votre travail en cours. Regardez-le dans les yeux. Exclamez-vous avec lui. Partagez, dansez, embrassez, serrez dans les bras, criez, sautez...

Les émotions sont des mouvements de la vie intérieure de votre amoureux, accueillez-les avec tendresse et respect. Faites preuve d'empathie.
Être empathique, c'est reconnaître l'émotion de l'autre, lui concéder le droit de ressentir ce qu'il sent et accueillir l'expression de son affect.

1. Mettez des paroles sur l'émotion que vous voyez

— « Tu sembles triste... »
— « Tu as l'air d'être furieux... »
— « C'est dur pour toi de... »
— « Tu es malheureux à l'idée de... »

2. Invitez votre ami(e) à poursuivre en lui posant des questions ouvertes et facilitantes

Bannissez le style enquête et les « pourquoi ». D'une part le mot pourquoi est fréquemment perçu comme accusateur, d'autre part il fait appel à la réflexion, et risque donc d'enfermer l'émotion. Écoutez, non pas tant les mots que les émotions. *Écoutez avec le cœur.*

— « Qu'est-ce qui se passe ? »
— « Qu'est-ce qui se passe pour toi quand je... »
— « Je vois que... »
— « J'imagine que... »
— « J'ai l'impression que... »
— « Qu'as-tu ressenti quand... »
— « Qu'as-tu pensé quand... »
— « Qu'est-ce qui te rend le plus triste ? en colère ? (quand cette émotion est manifeste) »
— « Qu'est-ce qui te manque le plus ? »
— « Qu'est-ce qui te préoccupe le plus ? »
— « Comment vis-tu ça ? »
— « Comment comprends-tu ça ? »
— « De quoi as-tu le plus peur ? »

Le tout bien entendu avec le ton et surtout l'intention ! L'ouverture de votre cœur et l'espace sans-jugement que vous saurez proposer seront les éléments déterminants de la confiance que l'autre aura en vous, et de la profondeur des émotions qu'il pourra exprimer.

Si les émotions sont des élastiques[1], collections de timbres[2] ou autres phobies et pommes de terre chaudes[3], ces questions aideront la personne à identifier la véritable émotion sous-jacente.

3. Accueillez chaque émotion. Si besoin, donnez la permission de ressentir par quelques mots de soutien compréhensif

— « Je comprends que tu aies pu ressentir cela. »
— « Je comprends que tu sois en colère/tu sois triste/tu aies peur. »
— « Je peux imaginer ta rage. »
— « Je crois que tu peux être en colère. »
— « C'est normal d'avoir peur. »

Attention, empathie ne signifie pas lecture de pensée style : « Je sais ce que tu ressens. » Une telle intervention constitue une prise de pouvoir sur l'autre en prétendant connaître ses sentiments. C'est une stratégie défensive. Cette phrase courante du langage du séducteur/manipulateur — « Je te connais comme si je t'avais fait » — est un déni de la réalité de l'autre. C'est une stratégie manipulatoire, invitant le partenaire dans une symbiose dans laquelle il perd le pouvoir d'exister pour lui-même. Cela signifie « tu es mon objet ». C'est le contraire de l'empathie qui, elle, est faite de respect pour l'individualité d'autrui.

---
1. Voir deuxième partie, chapitre 1.
2. Voir deuxième partie, chapitre 4.
3. Voir deuxième partie, chapitre 6.

◊ *Ce soir, soyez attentif à écouter votre partenaire.*
Centrez-vous tout particulièrement sur lui/elle.
Reformulez ses phrases pour manifester que vous le/la comprenez.
Reflétez les émotions et sentiments.
Consacrez-lui votre soirée, évitez de parler de vous, et expérimentez ce qui se passe en vous quand vous vous mettez de côté pour l'écouter.

10

Amour et/ou sexe ?

La sexualité est un paramètre fondamental de l'harmonie d'un couple. Les émotions non partagées, non exprimées, peuvent faire obstacle à l'épanouissement physique. La sexualité est un domaine fragile. Nos tensions, les nœuds de notre histoire s'y exacerbent, freinent le désir ou le dévient, diminuent voire éteignent le plaisir...

Notre société a évolué, mais la sexualité n'est pas encore considérée comme une dimension naturelle de l'humain.

Dans mon livre *L'Intelligence du cœur*, j'ai consacré un chapitre à l'épanouissement sexuel. Pas un lecteur ne m'a fait un commentaire sur ces pages ! Comme si cette partie n'avait pas existé. Peut-être remuait-elle trop d'émotion ? Il est très difficile de parler naturellement de la sexualité. C'est un espace intime, certes, mais surtout une zone où chacun est si peu sûr de lui, qu'il lui paraît dangereux de s'y aventurer autrement que bardé de principes, de grasse ironie ou d'humour salace.

Il y a peu, ma fille prononçait le mot « vulve ». Une de ses petites amies (huit ans !) lui en a demandé la signification ! Les parents d'aujourd'hui ont vécu la « libération sexuelle » de 1968. Les vocables utilisés par nombre d'entre eux pour nommer le sexe de leurs enfants me désarment : « Zigounette, petit minou, petit oiseau... » Ces mots étranges appellent des petits rires gênés, incitent les enfants à se montrer mutuellement en cachette dans les toilettes de l'école cette drôle de zone du corps que les parents assortissent de diminutifs tendres, tout en enjoignant de la cacher. Tout à fait paradoxalement, et comme pour rajouter de la confusion dans ces chères têtes blondes, les mêmes parents s'offusqueront d'entendre la vulve appelée « chatte » ! En quoi « minou » serait plus acceptable ?

Toute cette ambiance bizarre autour du sexe n'aide pas à l'épanouissement sain de cette dimension du couple. Et que dire de l'atmosphère de silence, de sous-entendus lourds de culpabilité, que nombre d'adultes d'aujourd'hui ont connue dans leur enfance... Vu le poids des messages, on peut comprendre que la sexualité pose problème à nombre d'entre nous.

Faire l'amour implique le corps, le cœur et l'âme. Dès qu'un message négatif se glisse en nous (c'est sale, il ne pense qu'à ça, les femmes sont des...), le corps se sépare du cœur, le rapport sexuel ne peut plus avoir lieu qu'en dehors de tout lien affectif, avec des partenaires de passage, ou en excluant toute émotivité pendant l'acte : amour performance ou corps figé.

On peut certes ressentir du plaisir sexuel sans être proche, en pensant à autre chose, dans un esprit de domination ou de soumission, mais c'est si bon de faire l'amour dans l'intimité.

La sexualité ne se réduit pas à l'usage de nos organes génitaux, encore moins à une excitation physique suivie d'une décharge, c'est la rencontre intime de deux êtres.

Notre rapport à la sexualité est façonné par les messages directs et indirects reçus dans l'enfance.

◊ *Quels étaient les messages de votre père concernant la sexualité ?*
— *de votre mère ?*
— *les messages transmis indirectement par leur couple ?*

◊ *Quelles expériences sexuelles avez-vous vécues ou subies dans et hors de votre famille ?*

◊ *Quels messages désirez-vous conserver ? Par quels nouveaux messages désirez-vous remplacer les autres ?*

◊ *Écrivez ces messages nouveaux sur du beau papier. Affichez-les dans votre chambre à coucher. (Vous n'êtes pas obligé de faire visiter votre chambre à votre belle-mère.)*

La sphère de la sexualité est émotionnellement très délicate. Il est difficile de penser que l'on puisse ne pas être un bon amant, une bonne amante. L'idée de « ne pas être à la hauteur » est si traumatisante, qu'il est difficile de parler avec son partenaire de ce qu'il aime et de ce qu'il n'aime pas, de ce qu'il ressent, de ses valeurs, de ses besoins, de ses émotions concernant la sexualité.

La culpabilité est si présente que certains ne la reconnaissent pas, voire la nient.

Avant son mariage, Esther a eu de nombreux amants. Elle a fait l'amour dans toutes les positions, a vu des pénis de toutes les tailles. Elle a eu des orgasmes clitoridiens, vaginaux et utérins. Elle connaît son point G. Elle sait donner du plaisir à un homme, et ses amants lui ont souvent dit qu'elle faisait vraiment bien l'amour. Esther se croit à l'aise avec la sexualité... Pourtant, quand son mari lui dit : « J'aimerais que tu me parles quand nous faisons l'amour, que tu me dises ce que tu ressens. » Elle s'en trouve incapable !

Son aisance apparente était une construction pour éviter une véritable intimité. Elle pouvait prendre des initiatives, gémir sous les caresses et même hurler sous l'orgasme, mais à condition de ne pas prononcer un mot ! Parler lui paraissait incongru. Dans un premier temps, elle s'est défendue en arguant que cela « casserait la magie des sensations ». Puis elle s'est rendue à l'évidence : elle se sentait « sale » si elle parlait. Dire ce qu'elle ressentait l'exposait. Elle avait peur du jugement de son compagnon, peur d'être ridicule, d'être moquée.

Robert a lui aussi eu de nombreuses aventures amoureuses. Il paraît très sûr de lui et guide sa partenaire vers le plaisir avec un doigté certain. Ce n'est pourtant qu'au bout de neuf années de vie commune et un chemin thérapeutique que Robert a osé demander à Natacha s'il lui faisait bien l'amour, si elle était satisfaite.

Peu de gens sont aussi « libérés » qu'ils le proclament. Ne prenez pas le silence de votre partenaire pour de l'assurance. Une sexualité authentiquement libre évolue. Elle n'est pas donnée une fois pour toutes, elle se construit tout au long des années. Sous peine de vous lasser ou de lasser votre partenaire, osez faire grandir votre relation amoureuse et sexuelle en vous parlant et en vous informant.

Sandra n'a jamais connu d'orgasme. Thérèse ne connaît que le plaisir clitoridien et supporte mal la pénétration. Jacques éjacule précocement. Tout cela a besoin d'être dit, affronté. Ce ne sont pas des problèmes insolubles.

Personne n'est « éjaculateur précoce ». Certains hommes n'ont jamais appris à maîtriser leur éjaculation, ou sont paralysés par une peur. Leur coller cette douloureuse étiquette d'éjaculateur précoce ne les aidera en rien à lever les inhibitions !

De la même façon, il n'y a pas de femme « frigide » ou « anorgasmique ». Il y a des femmes qui n'ont pas appris à faire l'amour, qui n'osent pas s'abandonner à leurs sensations, d'autres qui ont été blessées dans leur corps et leur âme par des abus, d'autres encore qui sont terrorisées à l'idée d'être jugées comme de mauvaises filles si elles manifestent du plaisir... Il y a des femmes qui n'ont encore jamais ressenti de plaisir. Elles ont besoin de tolérance et de respect pour apprivoiser leur corps.

Comme toute chose, faire l'amour s'apprend. Cela s'apprend à deux. Une intimité émotionnelle suffisante est nécessaire pour aborder la sphère de la sexualité. Provocation et ironie sont à bannir. Une atmosphère de non-jugement et de confiance mutuelle est un préalable fondamental pour s'aider l'un l'autre à se libérer des freins excessifs. Douceur et respect du rythme de chacun sont nécessaires à l'harmonisation du couple.

Vous avez besoin d'apprivoiser vos corps respectifs ?

◊ *Touchez-le (la). Faites-lui des chatouilles, des gratouilles, des papouilles, ou des massages.*

◊ *Entrez sous la douche avec lui (elle).*

Une approche progressive peut être nécessaire pour lever une excessive pudeur.

◊ *Demandez à l'homme ou à la femme de votre vie de s'allonger et de se laisser faire pendant vingt minutes sans dire quoi que ce soit. Il vous laisse son corps pendant vingt minutes.*
Touchez, sentez son corps sous vos doigts, sous les mains, soyez attentif aux sensations que vous procure sa peau.
Explorez toutes les parties de son corps, en évitant la zone génitale.
*Pour que l'exercice soit vraiment fructueux pour vous, tenez bien vos vingt minutes, et pas de sexualité ni pendant, ni juste après. Si vous avez envie de faire l'amour, prenez le temps d'une petite pause d'abord. Ce n'est pas un préliminaire amoureux, mais un exercice d'éveil de **vos** sensations, et non des siennes. Ne cherchez pas à lui faire plaisir, à vérifier si telle ou telle caresse lui est agréable ou non. Il s'agit d'explorer vos sensations de toucher.*

Lever les blocages, c'est aussi parler. La sexualité est un espace où la parole aide à un accomplissement harmonieux. Et n'oubliez pas que la sexualité est un rapport avant tout, c'est-à-dire un échange, un lien entre deux personnes. Il n'y a pas de sexualité idéale et la sexualité ne s'arrête pas à la génitalité. Gardez-vous des comparaisons. Seule compte l'harmonie de votre couple.

Quand vous parlez à votre partenaire de votre façon de faire l'amour, de ses gestes, de vos sensations, ne vous laissez pas intimider par ses éventuelles premières réactions de retrait. Dites-lui : « Je comprends que ce ne soit pas facile pour toi, parlons-en. » Dans ce domaine plus que dans tout autre, le jugement, l'ironie, les « blagues pour rire », seront bloquants. Soyez à l'écoute, sans enterrer vos besoins. Commencez par le rassurer par quelques mots valorisants :

◊ *Faites des compliments à votre partenaire, par exemple :*
— *« J'aime ta façon de me toucher. »*
— *« J'aime l'odeur de ton sexe. »*
— *« J'aime le dessin de tes épaules. »*
— *« J'adore tes seins. »*
— *« J'adore te caresser, j'aime le grain de ta peau. »*

Il est utile de communiquer avec délicatesse, en rassurant le partenaire sur ce que nous aimons de lui et de sa façon de faire l'amour.

Plutôt que : « Arrête de me pincer comme ça ! »
Dites : « J'aime quand tu me caresses les seins en les englobant bien comme tu le fais. En revanche, quand tu pinces le mamelon, c'est désagréable pour moi, et un peu douloureux. »

Plutôt que de déplacer la main de votre partenaire jusqu'à votre pénis, et donc de lui imposer ce geste. Dites-lui : « J'aime beaucoup tes caresses sur ma poitrine, mes épaules et mon ventre, j'ai envie que tu caresses aussi mon pénis. »

Là encore, vous pouvez prendre rendez-vous, parce qu'il n'est pas facile de parler dans le feu de l'action. Mieux vaut discuter à tête reposée, avec du temps devant soi et sans risquer d'être dérangé par l'irruption des enfants au milieu d'une phrase difficile à dire ou d'un instant de grande émotion.

◊ *Vous osez :*
☐ *dire que vous aimez une caresse spécifique*
☐ *décrire vos sensations et vos sentiments*
☐ *dire ce que vous aimeriez qu'il (elle) vous fasse*
☐ *dire à votre partenaire que vous n'aimez pas une caresse spécifique ou la façon dont il (elle) vous touche*

◊ *Prenez conscience de ce que vous aimeriez dire mais n'avez jamais osé dire...*

La sexualité est très vulnérable aux à-coups relationnels. Toutes sortes de choses peuvent altérer le plaisir. Il peut arriver par exemple que votre partenaire ait mauvaise haleine. Comment le lui dire sans le blesser ? Vous avez l'option de simuler un mal à la tête... mais il peut se sentir rejeté, et le mensonge est toujours coûteux à long terme. Tentez un message « JE ». Exprimez votre malaise. Il n'est pas facile d'embrasser une bouche qui vous dégoûte, même si vous aimez profondément votre partenaire.

N'hésitez pas à lire ensemble des ouvrages sur les différentes manières de faire l'amour, sur ce que ressentent les hommes et les femmes, pour combler cette immense carence d'information imposée par notre société.

Il peut aussi être très bénéfique et intéressant de communiquer sur ce plan avec des amis du même sexe que soi. Comparer ses expériences, non dans un esprit de compétition, mais dans un esprit de partage et de confrontation de ses façons de faire et de vivre les choses avec autrui, parler de son vécu, de ses sensations, des caresses appréciées, mais aussi de ses hésitations, de ses doutes, de ce que l'on n'aime pas ou que l'on redoute, tout cela est très enrichissant, si cela reste bien entendu sans jugement ni dévalorisation.

◊ *Osez-vous parler de sexualité avec vos amis (au moins un) ? Je décide d'en parler avec...*

11

Désir et plaisir

Le désir sexuel est physique. Mais le psychologique s'en mêle volontiers ! Toutes sortes d'enjeux sont présents lors de la relation et en altèrent la liberté. Blocages de l'enfance, mais aussi freins liés à la relation d'aujourd'hui. De manière générale, contraintes, injustices, blessures, humiliations et frustrations ne favorisent pas l'éveil sexuel.

On dit que dans un couple le désir s'émousse au long des années. S'il est vrai que le désir n'a pas la même force impérieuse que dans les tout premiers émois, il peut rester présent au cours du temps. Et même s'approfondir, à condition que la relation soit vivante. **Respect mutuel, sentiment de liberté, partage émotionnel, admiration, gratitude sont les ingrédients du désir, bien plus que beauté plastique ou nouveauté.**

L'absence de désir indique colères non-dites, manques, rancunes, ou défaut d'intimité, et non lassitude du quotidien. Si cette dernière est invoquée par votre partenaire, il est temps de prendre rendez-vous pour une discussion profonde sur les besoins et les sentiments de chacun dans le couple.

Le niveau de jouissance est aussi en rapport avec le désir. Quand on a peu d'orgasmes, peu de plaisir réel et intense, il est bien évident que le désir s'émousse. Pour maintenir le désir, rien de tel que des orgasmes puissants et réguliers !

Pour vivre de tels orgasmes, n'oubliez pas de respirer profondément jusque dans le bassin... et d'oser faire du bruit. Gémissements et cris sont des expressions naturelles. Ils aident à libérer le diaphragme et à permettre au flux de plaisir d'envahir tout le corps.

La respiration est un outil important de l'intimité amoureuse et physique. Un diaphragme[1] bloqué révèle une distance à soi-même qui se retrouvera dans la relation. Respirez profondément jusque dans votre bassin en faisant l'amour. Vos sensations seront exacerbées.

> ◊ *La prochaine fois que vous ferez l'amour, pensez à respirer jusque dans votre bassin. Une fois cette respiration profonde installée, allez plus loin.*
> *Inspirez et expirez en prolongeant votre souffle jusque dans le cœur de votre partenaire.*
> *Invitez-le/la à faire de même. En harmonisant vos souffles, vous atteindrez des niveaux de jouissance inconnus jusque-là.*

Alain a une maîtresse depuis quelques semaines. Il est conscient de ne pas être amoureux, mais il veut conserver cette relation. Quand je lui demande ce qu'il y trouve, il me répond sans ambages : « Une sensation de puissance.

— Qu'est-ce qui te donne cette sensation de puissance ?

— Elle crie en jouissant. J'aime la faire crier. Ma femme ne crie jamais.

— Et toi tu cries ?

— Non. »

Apprenez à crier et invitez votre partenaire habituel(le) à se le permettre aussi. Osez lever un à un les blocages qui séparent votre corps de votre cœur. Le septième ciel toute une vie durant est à ce prix.

> ◊ *Osez hurler de plaisir. Faites garder les enfants à l'extérieur. Débranchez le téléphone... et osez faire du bruit. Gémissements,*

---

1. Le muscle qui sépare les poumons de l'abdomen, pas le moyen de contraception !

soupirs et petits cris sont des manifestations naturelles du plaisir. Quand les sensations augmentent vraiment, laissez-vous aller dans le cri. Un orgasme réprimé n'est pas aussi bon.

Vous craignez que cela sonne faux ? Parlez-en à votre partenaire. Accompagnez-vous mutuellement et dans le plus grand respect l'un de l'autre. Assurez-vous qu'il/elle ne vous jugera pas quel que soit le son qui sortira de votre bouche.

Au tout début, il se peut que vos cris soient un peu forcés. Ils deviendront rapidement plus naturels à mesure que vous vous donnerez la permission de vous exprimer.

12

Fidèle ? Infidèle ?

Timothée se justifie auprès de sa femme Viviane qui vient de découvrir le pot-aux-roses :
« Simplement, tu n'es pas tout. Tu n'as pas tout en toi et donc j'ai eu envie d'aller voir ailleurs. Cela ne change rien à notre relation. Je t'aime toujours de la même façon. »

Viviane est déstabilisée. Elle se sent dévalorisée. Qu'a donc cette autre femme qu'elle n'a pas ? Elle ne peut tout de même pas se changer pour plaire à Timothée. Il dit que son amour pour elle est intact. Sa colère est donc hors de propos. Elle ne sait plus que dire, que faire, que penser.

Timothée est habile ! C'est vrai. On ne peut tout avoir, tout trouver dans la même personne. Certaines sont blondes, d'autres brunes. Certaines sont plus intellectuelles, d'autres plus rigolotes... Certes, Timothée pourrait se contenter de ce qu'il a. Il serait alors dans une dynamique de frustration, reprocherait sans cesse à Viviane de ne pas lui fournir telle ou telle dimension.

Mais quel est le fondement de cette relation ? **Dans un couple, il ne s'agit pas d'avoir mais d'être.** Dire qu'une personne n'a pas tout, signifie que l'autre est considéré comme un objet dans la relation, objet de satisfaction de différentes parties de soi. Les femmes (les hommes) ne sont peut-être pas des poupées à collectionner.

Dans une quête d'Avoir, dans un amour pour un objet, l'infidélité est logique... et le clivage est tel qu'on peut très bien penser que ça n'a rien à voir avec la nature de la relation « officielle ».

Un couple fondé sur l'*être* ensemble va fonctionner totalement différemment. La question n'est plus « comment puis-je *avoir* tout ce que je désire ? » Mais, « comment puis-je *être* heureux avec ma/mon compagne/on », c'est-à-dire comment grandir ensemble, se frotter l'un à l'autre dans nos différences pour évoluer, cesser de projeter nos manques sur l'autre et en guérir les blessures en soi.

En termes de fidélité, il est important que chacun s'engage envers lui-même. S'engager vis-à-vis du partenaire engendre d'inutiles (et glissants) sentiments de contrainte, de frustration, de manque de liberté.

Je suis fidèle parce que je me le suis promis, parce que je décide d'investir toute mon énergie amoureuse dans une même relation.

Si je suis fidèle parce que je l'ai promis à mon partenaire, ou parce que je ne veux pas faire souffrir l'autre... D'une part cette fidélité risque de me peser. D'autre part, si mon partenaire ne l'apprend pas...

◊ *Prononcez à haute voix ces deux phrases, et écoutez la différence :*
« Je m'engage vis-à-vis de moi-même à être fidèle. Sinon je me trahis moi-même. »
et
« Je m'engage vis-à-vis de toi à t'être fidèle. »

◊ *Que ressentez-vous ?*

◊ *Imaginez ces deux phrases dans la bouche de votre partenaire. Ou mieux, demandez-lui de les prononcer. Que ressentez-vous ?*

VI

NOUS AVONS TOUS DES PARENTS

Nous avons grandi. Pourtant, nos parents continuent à être les seules personnes devant lesquelles nous nous comportons comme des gamins. Comme si le passé nous collait aux chaussures, nous n'osons pas leur parler normalement.

Il y a ceux qui ne voient plus leurs parents, ceux qui déjeunent avec eux tous les dimanches, ceux qui vont consciencieusement remplir leur devoir filial deux fois l'an, ceux qui se chamaillent gentiment, ceux qui se crient dessus, ceux qui ne savent s'échanger que de l'argent, ceux qui n'échangent rien du tout, ceux qui s'aiment en silence mais ne se le disent jamais, ceux qui se détestent, ceux qui ont peur les uns des autres, ceux qui se contentent de relations superficielles... et quelques-uns qui vivent l'intimité, se parlent et s'aiment.

Il y a toutes sortes de relations parent-enfant. Mais, il faut le dire, il y en a peu d'harmonieuses, fluides et belles. Ce n'est la faute de personne. C'est la responsabilité de tous. C'est une relation particulièrement difficile. Elle s'étale sur une très longue durée, elle doit s'adapter et se transformer de nombreuses fois pour permettre aux deux parties de s'épanouir. Le lien se crée à la conception de l'enfant, se termine-t-il lors du décès du parent ? On porte ses parents en soi toute sa vie, même après leur mort physique.

◊ *Quelle est la nature de votre relation avec vos parents ?*
☐ *sans histoires*
☐ *superficielle*
☐ *profonde*
☐ *nourrie de disputes*
☐ *pleine de vide*
☐ *riche*
☐ *neutre*
☐ *pleine d'amour*
☐ *pleine de haine*
☐ *pleine de peur*
☐ *pleine de rancœurs*
☐ *rageuse*
☐ *silencieuse*
☐ *protectrice des non-dits*
☐ *...*

◊ *Quel pouvoir ont encore vos parents sur vous ?*
☐ *Je leur demande leur avis avant d'entreprendre quoi que ce soit.*
☐ *Il y a des choses que je ne fais pas dans ma vie de peur de leur déplaire.*
☐ *Je vais les voir régulièrement pour leur faire plaisir.*
☐ *J'ose leur dire ce que je pense, ce que je ressens.*
☐ *Je me sens libre avec eux.*

◊ *Après les avoir vus, je ressors (rayez les mentions inutiles et ajoutez les sentiments qui correspondent à ce que vous ressentez) :*
épuisé / furieux / émotionnellement nourri / intellectuellement stimulé / joyeux / anxieux / triste / dépressif...

◊ *Quel bilan faites-vous de votre relation à vos parents ?*

Pour redonner vie aux repas de famille, retrouver une relation pleine et riche avec ses parents, devenir adulte et libre de son passé, il y a un chemin de réconciliation à parcourir.

Pour se réconcilier, il faut tout d'abord percevoir le conflit. Irène n'en voit pas. Elle aime ses parents... Mais au bout de quelques heures en leur compagnie, elle s'ennuie.

Dans la meilleure des familles, il y a des décalages entre les besoins de l'enfant et les comportements des parents.

Il est très difficile de « remettre en cause » ses parents. Parce que nous confondons trop souvent colère et accusation. Parce qu'ils nous ont interdit de voir nos blessures. Parce que nous nous sentons coupables... et tant d'autres raisons. Revisiter notre histoire est pourtant la seule voie pour libérer les sentiments bloqués.

Pourquoi se contenter d'une relation superficielle quand on peut — et c'est possible dans la plupart des cas — créer une relation d'intimité et de complicité ?

Toute relation peut évoluer. Pourquoi ne pas oser dire ce qui ne nous convient pas ? Pourquoi ne pas veiller à la santé de la relation ?

1

Lutter contre les mamans qui veulent faire plaisir et autres manipulations parentales

Catherine a deux enfants, Yvanne, quatre ans et Maxime, six mois. Catherine a proposé à sa mère de venir les voir après l'école. Vers 14 heures, cette dernière l'appelle au téléphone : « Yvanne rentre à 16 heures, tu as sûrement envie d'être un peu avec elle, alors je ne viendrai que vers 19 heures. »

La grand-mère semble répondre à un désir de Catherine. Or Catherine n'a ni émis de désir particulier en termes d'horaires, ni spécialement besoin d'un temps avec sa fille avant l'arrivée de sa mère, elle répond : « Non, pas du tout, tu viens quand tu veux.

— Bon, je viens quand tu as besoin », rétorque la grand-mère.

Catherine éprouve une étrange impression, elle ne sait que dire : « De toute façon, je ne suis pas seule avec Yvanne, si tu viens plus tôt tu pourras être avec Maxime.

— Ah oui, il y a Maxime aussi, alors tu veux que je vienne plus tard ? »

Catherine se sent de plus en plus mal. Elle réussit enfin à demander :

« De quoi as-tu envie toi ?

— Je viens d'arriver chez moi, j'ai envie d'aller faire une balade dans le quartier, de me reposer et de venir ensuite. »

Catherine respire. C'était donc ça !

« C'est d'accord, je comprends que tu aies besoin de ce temps. En revanche, si tu arrives à 19 heures, c'est un peu tard pour Yvanne, elle ne voudra pas aller se coucher à 19 h 30. Peux-tu être là à 18 h 30 ?

— Parfait. À tout à l'heure. »

Nombre de personnes, comme la mère de Catherine, n'osent affirmer directement leurs besoins. Elles prétendent faire les choses pour vous... S'il vous arrive de vous sentir mal avec un de vos parents, regardez plus attentivement la structure de vos interactions. Ce parent a-t-il, comme la mère de Catherine, tendance aux messages indirects ?

Le langage indirect, fausse politesse, est à la source de bien des malentendus. Vous apportez un poulet rôti sur la table. Si vous aimez l'aile, vous risquez « par politesse » de l'offrir à votre invité. Seulement, lui, il préfère la cuisse ! Il n'ose pas vous le dire. Il est persuadé que vous préférez la cuisse, comme lui ! « Par politesse », il mangera l'aile que vous lui proposez.

Il est difficile de dire non à quelqu'un qui veut toujours vous faire plaisir. *A contrario*, **quand chacun prend la responsabilité de ses besoins, tout le monde se sent mieux.**

Pour améliorer nos relations, nous avons intérêt à apprendre à nous exprimer directement. Vous remarquerez que l'affirmation des besoins de sa mère a permis à Catherine d'affirmer aussi le sien.

Certains parents excellent dans la culpabilisation, ils se positionnent en éternelles victimes et vous placent dans le rôle du méchant enfant. D'autres ont toujours raison et se montrent très forts pour vous faire douter de vous, de vos capacités, de vos jugements, voire de vos émotions ! D'autres encore vous emberlificotent et vous mènent à faire leurs courses, leur ménage... Ou au contraire s'infiltrent chez vous pour dépoussiérer le moindre recoin, ranger à leur manière, laver et repasser votre linge intime.

Pour sortir des situations conflictuelles entre vos parents et vous :

1. Écoutez vos émotions

Qu'est-ce que **je** veux ? Qui suis-**je** ? De quoi ai-**je** besoin ? De quoi **j'**ai envie ?

Avant de prendre une décision, de faire un choix, les Canadiens se posent cette simple question : « Ça me fait oui ou ça me fait non ? »

Après avoir écouté la sensation confuse qui me dit oui ou non, je peux chercher en moi mon besoin, et oser l'affirmer à autrui.

Ce repas de famille de dimanche « me fait non » ?

J'écoute cette petite voix à l'intérieur de moi = J'ai besoin d'intimité.

Comment puis-je satisfaire mon besoin ? Je vais inviter chacun de mes parents, frères et sœurs individuellement dans l'année.

Si je me respecte, les autres me verront en tant que personne et non plus en tant qu'objet. Je vais prendre un statut spécifique. Me sentir enfin aimé !

Le respect de soi est la voie de l'authentique respect d'autrui !

2. Écoutez les besoins de vos parents

Aidez-les à les formuler clairement en manifestant de l'empathie. Eux non plus n'ont jamais appris ! Leurs besoins sont encore plus enterrés que les vôtres ! Décodez leurs éventuels jugements. Soulignez les tentatives de culpabilisation, les accusations indirectes, refusez les sous-entendus.

On peut avoir une belle relation avec la plupart des parents. Ne pensez pas que les vôtres sont spéciaux. Ils sont probablement comme tous les humains, désireux de plus de bonheur. S'ils ne vous donnent pas ce que vous attendez d'eux, c'est peut-être parce que vous ne leur avez jamais dit ! Ils sont d'un autre temps, d'une autre culture. Ne leur faites pas l'insulte de les accepter comme ils sont, c'est-à-dire de ne rien leur demander et de vous contenter d'une relation superficielle, et neutre. Je peux comprendre qu'oser leur parler soit difficile, mais l'enjeu est d'importance.

C'est tellement bon d'aimer et de se sentir aimé ! Pourquoi laisser de vieilles histoires ternir le lien ?

2

Avez-vous la liberté de rire et de danser ?

Êtes-vous libre du jugement de vos parents ?
Le rire et la danse sont des expressions de joie, des expressions de soi. Comme à toute expression personnelle, la société impose nombre de freins à la joie.

Quand l'enfance a été marquée par la tristesse ou le déni de tout affect, quand la souffrance a été trop grande, quand la blessure a été (ou est encore) trop profonde, on peut rester handicapé, incapable d'exprimer mais aussi d'être vraiment heureux, de vivre profondément la joie.

Pour certains, le handicap est limité à un espace de réalisation. La réussite est permise dans la vie professionnelle. C'est dans la vie affective que le droit au bonheur est compromis. Pour d'autres, il s'étend à toute l'existence, interdisant à la personne de se réaliser, d'aimer et de prendre plaisir à la vie. Pour d'autres encore, il est possible de gagner, de réussir, de vivre des expériences fortes, mais il est interdit de montrer de la joie. Jamais ils n'explosent de rire, jamais ils ne hurlent en se jetant dans les bras de quelqu'un. Ils « savent se tenir ». Ils n'osent vivre vraiment ce qu'ils ressentent à l'intérieur.

Il y a des familles dans lesquelles il est interdit de rire ou d'être joyeux pour ne pas sortir papa ou maman de sa dépression (oui, vous avez bien lu). Il arrive qu'on interdise à un enfant de rire parce qu'un deuil est survenu dans la famille. Il arrive que l'on fasse peser sur un enfant un tel poids de malheur, qu'il n'a plus envie de rire. Il y a des familles dans lesquelles on n'a pas le droit d'être heureux ou fier et de le montrer. Le rire, le plaisir, la joie y sont dévalorisés, ridiculisés : « Tais-toi. Ne fais pas tant de bruit. Tu as un rire de casserole. Arrête de glousser, on dirait une poule. De quoi es-tu si fier ? Pour qui te prends-tu ? Tu as les chevilles qui gonflent. »

Adultes, nous portons nos parents dans nos têtes. Nous n'osons plus nous amuser, rire, danser.

« Il me faut un verre ou deux pour arriver à danser », me confie Valentin.

Dans une soirée, l'on boit rarement pour apprécier le goût du champagne ou de la sangria. Comme Valentin, on boit pour être gai, pour se libérer de son carcan rigide habituel, pour effacer la crainte d'être jugé, la peur du ridicule. Une fête ne va pas sans alcool tant l'emprise de la morale est forte et le jugement pesant.

Dansez librement sur la piste. Si vous avez bu, on vous considérera en souriant, on dira de vous « il s'amuse ». Mais si vous n'avez pas bu un seul verre, on aura des doutes sur votre moralité. Un comble ! Dans notre société, on condamne les émotions et la liberté d'expression, mais pas l'alcool. On est même traité de rabat-joie quand on ne boit pas !

L'alcool (comme les autres drogues) protège nos parents. Les barrières sont maintenues. En ne transgressant les interdits parentaux qu'alcoolisés ou drogués, nous ne les remettons pas en cause.

Grâce à l'alcool, mais aussi au cannabis, à la cocaïne, aux pilules d'ecstasy et autres drogues, nous nous donnons l'illusion d'être à l'aise avec nous-mêmes et avec les autres. Ces artifices n'ont pour effet que de nous éloigner encore davantage de l'intimité. Ne nous y trompons pas, l'ivresse n'est pas la liesse.

◊ *Savez-vous rire ? Riez-vous au moins une fois par jour ?*

◊ *Avez-vous besoin de vin pour être gai et rire franchement dans une soirée ?*
Faites l'expérience d'une soirée sans alcool.

◊ *Vous ne savez pas danser ? Cessez de vous réfugier derrière votre ignorance. Demandez à une personne de confiance de vous enseigner.*

3

Guérir de son passé, libérer les émotions bloquées

À l'âge de dix ans, Gwenaëlle a découvert son père mort sur le palier. Terrorisée, elle est retournée dans sa chambre. L'image de ce corps immobile à terre est la dernière qu'elle ait de son papa. Elle n'a jamais hurlé sa peur. Personne à l'époque n'a pris soin de lui faire raconter ce qu'elle avait ressenti, de lui permettre de pleurer et crier.

À quarante-trois ans, dans mon cabinet, elle s'autorise enfin à revivre la scène. Après avoir poussé un hurlement de terreur, elle est absolument stupéfaite de constater la disparition de la boule qui lui serrait l'estomac depuis des années... Depuis ses dix ans. Le pouvoir de guérison de l'expression émotionnelle ne s'altère pas avec le temps.

Gwenaëlle est ahurie. Elle était tout à fait inconsciente de cette peur. Elle se souvenait avoir vu son père mort, mais n'avait pas un instant imaginé que cela pût avoir un lien avec cette tension permanente en elle et surtout cette boule à l'estomac, si ancienne qu'elle faisait partie d'elle.

Dans la famille de Gwenaëlle, on ne se parle pas. On ne dit rien. On ne ressent rien. « On se tient ! »

« J'en ai marre de me tenir, j'ai envie de vivre ! » a explosé Gwenaëlle. Cette remise en cause du principe parental lui a permis d'accéder à sa peur. La colère était un préalable nécessaire.

Une femme de soixante-dix ans me téléphone suite à la lecture de *L'Intelligence du cœur*. Pour elle, c'est une révélation. Elle a retrouvé et accepté une émotion retenue en elle depuis l'âge de six ans ! Soixante-quatre ans plus tard, elle a enfin pleuré les larmes qu'elle n'avait pas pu verser à l'époque. Comme sa vie aurait été changée si elle avait pu pleurer alors !

Cette femme est stupéfaite des effets de la libération de cette émotion. Désormais, elle fait facilement les choses en temps et heure. Auparavant, c'était toujours une lutte interne pour un rien, elle remettait au lendemain, puis au surlendemain, et n'arrivait à faire les choses qu'au dernier moment, ou trop tard. Pendant plus de soixante ans, elle a tenté de lutter contre ce symptôme, et voilà qu'il suffisait de verser quelques larmes, et sa vie est transformée ?

Eh oui. Mais verser ces larmes-là, hurler ces cris, n'est pas si simple.

Certains enfants traversent des histoires très difficiles. Coups, blessures physiques et psychiques, abus sexuels, abandons, désintérêt des parents, les émotions enterrées sont multiples. Rages, terreurs, paniques, désespoirs, les carences sont immenses, les blessures profondes, le chemin vers la guérison sera long.

Il n'existe pas de parent parfait, ni de vie idéale. Nous grandissons en nous confrontant au monde, en apprenant à accepter les frustrations. Nous délimitons notre sentiment d'identité en nous frottant aux autres. Dans la plus respectueuse des familles, blessures, frustrations et injustices sont inévitables. La réaction physiologique naturelle et nécessaire face à ces atteintes pour ne pas être détruit dans son identité est la colère. **La colère est l'émotion de réparation du sentiment de soi.** Je rappelle que je parle de colère saine et non d'agressivité destructrice ou de projection sur autrui de sa violence.

La blessure devient traumatisme si (et seulement si) l'expression de la souffrance et de la colère est interdite.

La colère signifie : j'avais le droit de ne pas vivre cette blessure. La blessure est injuste, pas moi ! Je suis juste. **J'ai le droit de désirer même si je n'obtiens pas.**

Quand la colère est acceptée, entendue, l'enfant se sent reconnu pour ce qu'il est. Il apprend qu'il peut vivre malgré les manques, il peut se percevoir comme une « bonne » personne malgré les difficultés qu'il traverse, il peut continuer de se vivre comme entier, malgré les frustrations.

L'expression de sa colère, et bien sûr le fait qu'elle soit entendue, lui permet de ne pas retourner contre lui l'affect négatif, de ne pas se sentir mauvais.

Outre la conscience de sa souffrance et l'accueil de sa colère, l'enfant a besoin d'explications pour donner un sens à ce qui lui arrive. Il a besoin d'informations concernant l'histoire personnelle de ses parents.

Gwenaëlle aurait eu besoin de revoir le corps de son père, accompagnée d'un adulte à l'écoute et respectueux de ses sentiments, d'être aussi accueillie dans l'intensité de son émotion, pour ne pas conserver cette image terrifiante et cette boule dans son ventre.

Damien aurait eu besoin de savoir que son propre père avait été battu, humilié et méprisé dans son enfance. Il aurait compris que les fureurs de son père ne le concernaient pas. Les coups qui pleuvaient étaient une vengeance des coups reçus. Il n'était pas un mauvais enfant. Son père avait de la rage en lui.

De sa vie Romuald ne s'est jamais emporté contre qui que ce soit. C'est un homme doux et gentil, plutôt timide. Il fait pourtant des rêves éveillés très violents. Quand il se promène dans la rue, il ne voit autour de lui que couteaux effilés et guet-apens, d'énormes rochers dévalant les falaises que sont les immeubles. Le ruisseau du caniveau devient torrent violent qui l'emporte...

Il croyait avoir eu une enfance « comme tout le monde ». En fait, ses parents étaient particulièrement rigides. Son père le battait et l'humiliait. Sa mère le rabaissait en permanence.

Après avoir identifié ses souffrances de petit garçon... Il a (face à un coussin) explosé de rage contre son père. Il lui a écrit une lettre exprimant sa douleur et son impuissance. Son père étant décédé il y a déjà de nombreuses années, il la lui a adressée « Au Ciel » en la brûlant. Il a ensuite écrit une lettre circonstanciée à sa mère, lui reprochant ses comportements abusifs et lui exprimant son vécu. À sa grande surprise, ses images sont devenues calmes. Les torrents de boue se sont transformés en sources d'eau claire. Des cascades limpides ont nettoyé ses rêves. Après la colère est venue la tristesse. Toute cette eau dans son inconscient symbolisait les larmes. En faisant ce deuil de la tendresse et de l'attention qu'il n'avait jamais reçues, Romuald est devenu plus puissant, plus adulte dans sa vie de tous les jours.

◊ *Donnez-vous la permission de rétablir votre vérité, d'exprimer enfin une saine colère. Écrivez une lettre à votre père / à votre mère.*
Il ne s'agit ni de reproches, ni de culpabilisation, ni d'une lettre d'accusation. Votre objectif est de parler de vous, de lever le voile du souvenir et de partager votre vécu. Dites à vos parents ce que vous avez ressenti devant leurs comportements et attitudes. Demandez réparation pour les blessures. La plupart du temps, la reconnaissance de notre souffrance d'enfant est une réparation suffisante.

◊ *Construisez votre lettre en messages-JE.*

◊ *Ressentez-vous parfois de la honte, une culpabilité exagérée ?*

Honte, culpabilité, croyances négatives sur soi sont des résidus d'émotions anciennes restées bloquées en soi. Il est important de retrouver l'événement ou la situation qui a pu engendrer ces sentiments et d'exprimer les colères, peurs, douleurs et/ou tristesses refoulées. Un véritable travail de deuil des manques et de guérison des blessures a besoin de prendre place. En voici les principales étapes :

1. Reconnaître la réalité de son histoire, sortir de l'idéalisation de ses parents. C'étaient des humains, ils nous ont parfois fait mal. Notre enfance a eu lieu sur terre et a donc connu son lot de misères, de détresses et de frustrations. Chacun a le droit de regarder la réalité de ce qu'il a vécu et ressenti.

2. Lever le voile de l'oubli : grâce à la colère libérée (tapée sur des coussins ou écrite et déchirée), les souvenirs viennent. Événements effacés, odeurs, couleurs, sensations... tout reparaît quand on ose l'émotion. (Mais c'est si difficile parfois de s'élever contre la sacro-sainte image des parents qu'on a bien besoin d'un psychothérapeute à ses côtés.)

3. Faire le tri et clarifier le chaos émotionnel qui surgit. Identifier chaque émotion et ses causes.

4. Ressentir et traverser (selon le cas) rages, terreurs, dégoût, désespoir... souffrances...

5. Guérison intérieure : l'adulte d'aujourd'hui va fournir à l'enfant qu'il était ce dont il avait besoin à ce moment-là : écoute, respect, tendresse, protection, information...

6. Expression aux parents responsables de la blessure (enseignants, frères, sœurs, oncles, directeurs de conscience, guides spirituels...) d'une colère saine (sans jugement). La colère est l'émotion de réparation ! réparation de soi et de la relation à l'autre.

7. Demande de réparation.

8. Quand les émotions ont été entendues, les blessures reconnues, la réparation reçue, la compassion et le pardon surviennent naturellement.

Le pardon est impossible si la réalité de la souffrance n'a pas été entendue. Si la justice et la vérité n'ont pas été rétablies.

Quelle belle relation d'amour peut alors éventuellement s'installer !

Parler à ses parents est aussi nécessaire pour pister les transmissions transgénérationnelles. Plus vous possédez d'information sur l'histoire familiale, plus vous avez d'éléments pour comprendre ce qui vous arrive.

Ce n'est pas de la « faute » des parents s'ils vous ont transmis une pomme de terre chaude. C'est un processus naturel. Toute situation non gérée, toute émotion non perlaborée, toute blessure restée ouverte, passe à la génération suivante, charge à cette dernière de trouver une issue. Nous sommes tous solidaires sur cette terre. La nature a horreur du vide, elle aime le plein, le fini. De génération en génération, nous nous transmettons un problème jusqu'à ce qu'une personne trouve une solution acceptable. On revoit sa copie jusqu'à ce que nos réponses soient justes ! La situation est alors achevée. Le problème n'est plus actif. Il ne se transmet donc plus.

4

Une vie pour punir ses parents

Marie-José n'arrive pas à être heureuse. Elle s'évertue à rater sa vie affective... comme pour punir ses parents. En écoutant ce qui se passe en elle, elle entend ce désir de vengeance : « Je ne vous ferai pas ce plaisir de vous donner des petits-enfants. Je veux que vous voyiez combien vous avez ruiné ma vie. »

La colère de Marie-José est justifiée. Mais elle ne l'exprime pas à ses parents. Elle la retourne contre elle-même, se sent « nulle », accumule les échecs sentimentaux confirmant son image négative d'elle-même, avec le bénéfice supplémentaire de « ne pas faire plaisir aux parents ».

Le désir de vengeance peut maintenir une personne dans la souffrance. Combien de fois ai-je entendu en thérapie : « Je ne veux pas aller mieux trop vite, ce serait trop facile pour eux. »

Frédéric songe au suicide. Il imagine son enterrement. « Là au moins, ils pleureront ! » Quand le seul pouvoir d'un fils sur ses parents est de choisir de mourir...

Il est impossible de pardonner sans avoir ressenti et exprimé la colère... Mais de peur de ressentir le désir de pardon, nombre de personnes blessées refusent de laisser sortir leur rage. Elles la conservent en elles pour alimenter la rancœur. Elles se font davantage de mal à elles-mêmes qu'elles n'en font à leurs parents, et ne prennent pas conscience qu'en réalité, elles protègent ces derniers de leur ire.

Il peut être plus confrontant pour un parent d'avoir en face de lui un fils qui dit sa colère d'avoir été maltraité qu'un fils interné en hôpital psychiatrique ! C'est alors l'enfant qui est défini comme malade, les parents ne sont pas remis en cause.

◊ *Vous arrive-t-il de penser que « c'est bien fait pour eux » ou que « ce serait trop facile de s'en tirer comme ça » ?*

◊ *Qu'est-ce qui dans votre vie ferait le plus mal à vos parents ? Est-ce vers cela que vous vous acheminez ?*

La colère rétablit l'équilibre de la relation, permet aux parents de se libérer du sentiment de culpabilité qu'ils peuvent éprouver. Nombre de parents sont conscients de leur rôle dans notre histoire. Ils ont fait ce qu'ils ont fait contraints par leurs propres blessures d'enfance. Pourquoi les maintenir en souffrance ?

5

La guérison de l'enfant intérieur

Une émotion est déclenchée par la blessure, la frustration, le danger, la rupture... Elle est l'outil utilisé par l'organisme pour se réparer. Elle n'est pas le problème, elle est le travail de la guérison. Pour réparer nos enfances blessées nous avons besoin de retrouver les émotions qui n'ont pu être dites et leur fournir un espace d'expression.

◊ *Prenez un moment pour vous. Éteignez la sonnerie de votre téléphone. Allongez-vous pour mieux laisser remonter les souvenirs, les images et les émotions*[1].
◊ *Pensez à un sentiment de honte, à une situation qui vous bloque, ou à tout autre « élastique » qui vous pose problème dans votre vie. Laissez-vous envahir par ce sentiment... Et remontez dans votre passé. Nommez les différentes occurrences de ce sentiment dans votre vie, jusqu'à la première fois ou une des premières fois où vous l'avez ressenti.*
Voyez la scène. Observez ce qui se passe. Écoutez ce qui est dit.

---

1. Une cassette audio peut vous aider dans cet exercice. Intitulée, *Trouver son propre chemin*, volume 1, ma voix vous guide vers un souvenir d'enfance et vous accompagne dans le processus de guérison.

◊ *Revenez dans le présent et posez-vous la question : de quoi auriez-vous eu besoin à ce moment-là pour gérer la situation au mieux ? au moins pour ne pas en sortir meurtri.*
Vous, adulte d'aujourd'hui, allez rencontrer l'enfant que vous étiez pour lui fournir ce dont il a besoin.

◊ *Revenez dans le passé. Vous allez tout d'abord écouter les émotions de l'enfant que vous étiez. Soyez le parent dont il aurait eu besoin à ce moment-là.*
Donnez-lui le réconfort mais aussi les informations dont il aurait eu besoin pour comprendre ce qui se déroule sans en tirer de conclusions négatives pour sa vie future.

◊ *Remontez ensuite progressivement dans le présent en passant par les différentes scènes évoquées précédemment. Comment les auriez-vous vécues si vous aviez eu les ressources nécessaires lors de la première expérience ?*
Qui seriez-vous aujourd'hui si vous aviez été accompagné comme vous le méritiez ?
C'est celui que vous êtes en réalité, celui que vous auriez été si vous n'aviez pas été blessé.

◊ *Prenez conscience de votre nouvelle énergie et liberté.*

6

Même les gens que l'on aime peuvent mourir un jour

Un jour, les parents meurent. Hugues n'avait pas revu son père depuis des années. Alors que ses frères et sœurs étaient prêts à laisser partir le vieillard fatigué, Hugues a remué ciel et terre pour « sauver » son père. Incapable de le laisser mourir en paix comme il en avait formulé le vœu, il l'a traîné à l'hôpital. On a dû attacher ce vieil homme parce qu'il arrachait les tuyaux de sa perfusion. Il voulait mourir. Mais son fils n'était pas prêt. Cet homme qui ne s'était pas préoccupé de son père pendant des années ne supportait pas l'idée de sa fin. Il ne pouvait laisser s'en aller ce papa avec lequel il ne s'était pas réconcilié.

Marthe n'arrivait pas à mourir. Depuis des semaines, elle « traînait ». Les aides-soignantes de la maison de retraite se sentaient démunies. Son corps plein d'escarres était douloureux, qu'est-ce qui la maintenait en vie ? Elle attendait sa fille. Elle ne l'avait pas revue depuis vingt ans. Quand Elisa est arrivée, elles ont parlé. Marthe est décédée une heure après son départ.

Régler nos différends, nettoyer nos passés respectifs, oser parler à nos parents de cœur à cœur, à la fois les aide à partir en paix, et nous aide à les laisser aller. La parole libère les deux parties.

Même si l'on a pris le temps de se dire adieu, le décès est toujours un choc. Les étapes du deuil vont se succéder. Les émotions vont faire leur travail pour nous aider à accepter.

Après une période de déni, la colère va surgir. Colère, émotion de la frustration : « Je ne voulais pas qu'il parte. » C'est une révolte contre la destinée, contre l'inacceptable. Quand la colère ne peut être reconnue pour ce qu'elle est, elle peut être projetée sur le personnel soignant. Ce sont eux qui n'ont pas su y faire, qui sont responsables de la mort de notre aimé.

La douleur de la perte est immense, elle est à hurler. Vous autorisez-vous à hurler ?

Un immense chagrin va suivre. C'est l'émotion qui accompagne l'acceptation de l'irrémédiable. Le deuil est un processus complexe, il est fait d'une succession d'étapes, la tristesse n'est qu'une de ces étapes avant l'acceptation et le tissage de nouveaux liens.

Cette étape du deuil est un véritable travail de nostalgie, l'intégration d'une perte signifiante (un enfant, un parent, un conjoint...) s'étale sur une période d'environ un an. Il est illusoire de vouloir continuer de vivre « comme avant ». Le départ de l'être cher forme un trou en soi.

Certains tentent de combler ce trou en bourrant leur emploi du temps, en sortant sans cesse, en se soûlant de lumières, de consommation, de sexe, de travail et occupations diverses... d'autres s'anesthésient à l'aide de médicaments, drogues ou alcools. D'autres encore glissent dans le trou béant, se laissent absorber par la dépression, qui n'est alors autre que la lutte contre le travail de deuil, une humeur triste envahissante en lieu et place des autres émotions, la colère notamment.

Le travail de tristesse consiste à recoudre les plaies. Chaque souvenir est à laisser remonter et à pleurer. Le pleur est un véritable labeur de raccommodage. La nostalgie réveille les béances en soi occasionnées par la perte. Le pleur sur les images du passé aide à recoudre le pourtour des trous pour que tout ne s'effiloche pas, à repriser lorsque c'est possible, à faire en sorte que le tissu reste cohérent. Un deuil est l'occasion de solidifier sa structure et de réparer les accrocs.

Quand les émotions sont réprimées, elles opèrent en secret et souvent se manifestent un an après, en explosant dans un symptôme physique. Maladie, accident, de l'abcès à la paralysie faciale, de la bronchite à l'allergie, voire parfois le cancer... L'anniversaire n'est pas oublié.

◊ *Remémorez-vous un décès. Avez-vous exprimé toutes les émotions du deuil ?*

◊ *Que s'est-il passé pour vous un an après ce décès ?*

Le travail de deuil concerne toute perte, tout changement.

VII

Quelques outils supplémentaires pour gérer vos émotions

1

Je respire

La respiration est l'outil par excellence de la maîtrise des affects. Selon votre façon de respirer, vos émotions se taisent ou vous traversent. Le « blindage », la répression émotionnelle, va de pair avec une réduction de la respiration. Le diaphragme se tend, le plexus se noue, immobilisant le bas des poumons.

Paradoxalement, respirer ainsi nous rend davantage vulnérable à l'émotivité. C'est ainsi qu'une personne très fermée à ses émotions profondes peut être hyperémotive, se mettre facilement en colère ou éclater en larmes à tout propos.

Une personne qui paraît totalement blindée n'en sera pas moins dirigée par ses affects. Ses émotions la mènent par le bout du nez car elle est inconsciente de ses mobiles véritables.

Conduisant un travail thérapeutique de type émotionnel, le psychothérapeute invite la personne à une respiration plus ample. L'apport d'oxygène aide les digues intérieures à se rompre, permettant au flot des affects de couler plus librement.

Pour retrouver la conscience de ses véritables émotions, il faut reprendre contact avec sa respiration naturelle. Pour accueillir ses émotions, sans être emporté par elles, et leur permettre d'accomplir leurs fonctions respectives, il s'agit d'installer une respiration stable et profonde.

Apprenez à observer votre respiration et à laisser pénétrer l'air plus loin dans votre organisme :

◊ *Vous pouvez faire l'exercice assis, debout ou allongé.*
— Assis, décroisez les jambes, redressez le torse, regardez en face de vous.
— Debout, vos pieds sont parallèles (surtout pas les pointes vers l'extérieur), l'écart entre vos pieds correspond à la largeur de votre bassin. Les genoux sont débloqués (pas vraiment fléchis, mais souples). Vous regardez en face de vous.
— Allongé, posez les mains sur le ventre ou le long du corps, jambes décroisées. Pieds posés sur le sol (écartés de la largeur de votre bassin), genoux relevés. La tête est posée à plat, sans oreiller.

◊ *Dans cette posture observez votre respiration spontanée. Puis, inspirez... Jusque dans le dos.*
Je sais, cela peut paraître bizarre. Mais nous oublions trop souvent que nos poumons ne sont pas plats ! Ils peuvent se gonfler non seulement sur le devant, mais sur les côtés, et derrière.
Imaginez vos poumons comme des ballons. Sentez votre cage thoracique s'ouvrir sur chaque inspir, à l'avant, mais aussi et surtout, à l'arrière, dans le dos. Envoyez l'air jusque dans votre colonne vertébrale. Sur le premier inspir, imaginez que vous gonflez vos cervicales... Puis, expirez... Inspirez maintenant dans vos dorsales... Expirez. Inspirez dans les lombaires... Expirez. Inspirez profondément en gonflant toute la colonne du haut en bas, jusque dans les vertèbres sacrées. En respirant dans le sacrum, vous construisez en vous un sentiment de sécurité intérieure.

Et sentez comme vous prenez de la consistance ! Vous devenez davantage conscient de vous-mêmes. Vous pouvez prendre de la distance tout en restant proche. La respiration consciente et profonde a l'avantage de vous aider à maintenir votre attention en vous tout en restant attentif à autrui. **Vous êtes vraiment présent à l'autre, parce que présent à vous-même.**

Faites cet exercice de respiration régulièrement. Jusqu'à

ce que cette respiration devienne naturelle. **Vous serez plus stable dans votre vie, plus conscient, plus alerte et plus solide face à l'adversité.**

Les postures (debout ou assis) sont aussi importantes que la respiration elle-même. Elles la permettent, et ce sont des positions d'ancrage. Il est utile d'être ainsi solidement planté dans le sol quand on risque de se laisser influencer par quelqu'un, pour ne pas être envahi par les émotions des autres, pour avoir le sens de la repartie face à un agresseur, bref, dans toute situation affectivement difficile.

Quand vous avez à vous confronter à une situation émotionnellement forte, prise de parole en public, âpre négociation, dispute avec une personne proche, client mécontent, collègue manipulateur, patron enragé, amorce de jeu psychologique, fils terrifié, confrontation avec vos parents, ou annonce d'une grande joie... Vous décroisez les jambes... Les écartez de la largeur de votre bassin, pieds parallèles — surtout pas les pointes tournées vers l'extérieur, les danseuses ne sont pas connues pour leur ancrage au sol ! — vous faites face à la/aux personne(s), vous les regardez droit dans les yeux tout en respirant en vous.

Pour vous ancrer encore davantage et éloigner vos pensées négatives (je n'y arriverai pas, ils vont me juger, il m'exaspère, je vais me faire avoir...), prenez conscience des sensations que vous procurent vos plantes de pieds, justement bien plantées dans le sol. Respirez jusque dans le sol.

Cette technique vous redonne de la liberté même vis-à-vis de mouvements réflexes. Les larmes inappropriées cessent de couler. La violence décroît. Les peurs excessives disparaissent. Vous pouvez résister au rire communicatif de toute une salle. Et même éviter de tousser au théâtre !

Alors entraînez-vous !

2

Je me centre sur l'extérieur

Quand un affect excessif ou déplacé nous envahit, pour juguler l'angoisse par exemple, il peut être utile de passer de l'intéroception perturbatrice à l'**extéroception**.

Au lieu d'écouter les tensions dans la poitrine, les tremblements dans les jambes ou l'accélération de son cœur, c'est-à-dire d'être centré sur l'intérieur de soi, il est utile de reprendre contact avec ses cinq sens, de se centrer sur l'extérieur.

Regarder autour de soi, toucher les matières, sentir les odeurs, écouter les sons, goûter un fruit... sont autant de façons d'arrêter le mental et donc de cesser d'alimenter de pensées négatives l'émotion malvenue. Attachez-vous à la réalité extérieure plutôt que de vous laisser noyer par l'intensité de votre vécu interne.

L'attention portée aux sensations tactiles est particulièrement aidante, elle diminue le rythme cardiaque. Mais attention, il ne suffit pas de toucher, et pas question de triturer un objet dans tous les sens. Il s'agit d'être attentif aux sensations procurées dans nos mains.

◊ *Expérimentez cette attention à vos sens tout de suite. Pendant que vous lisez ce livre, entrez en vous davantage et écoutez ce que vos sens vous disent. Quelle est votre posture ? Êtes-vous vraiment confortable ? y a-t-il des tensions en vous ? Touchez votre siège, le livre, votre stylo. Quelles sensations vous procure chacun de ces objets ?*

◊ *Osez faire face à quelque chose qui vous fait peur. Restez en contact avec vos sensations extéroceptives.*
Vous avez peur de prendre l'ascenseur ? Touchez les parois, portez toute votre attention sur les sensations que vous procurent les différentes matières sous vos doigts.
Vous avez peur de gravir une pente montagneuse ? Soyez attentif aux sons de la nature, aux odeurs qui vous entourent, éprouvez le contact de vos pieds, touchez les rochers.

3

Je me dissocie

La **dissociation** est un autre outil du mental qui permet de ne pas se laisser envahir par l'émotion. Il s'agit de séparer en soi la partie qui regarde et la partie qui sent. C'est ce que font spontanément les enfants maltraités. Si les émotions fonctionnelles sont à traverser, les dysfonctionnelles sont à décoder, pas à exprimer. Nous pouvons employer cette ressource de la dissociation pour nous aider à ne pas nous laisser envahir par elles, reprendre contrôle sur ces affects indésirables.

◊ *Sentez que vous sortez de votre corps et allez toucher le plafond, retournez-vous et voyez-vous d'en haut.*

Certains savent le faire depuis toujours, d'autres non. Pour apprendre à vous dissocier :

◊ *Sans bouger de là où vous êtes, sentez votre posture, le contact de votre siège, la position de vos jambes et de vos bras, l'inclinaison de votre tête.*

◊ *Levez-vous et allez à quelques mètres, retournez-vous et regardez l'endroit que vous venez de quitter. Voyez-vous là encore assis, tel que vous étiez il y a quelques instants. De nou-*

veau sentez votre posture debout en train de vous regarder assis, sentez votre respiration, votre poids dans vos pieds... Et retournez à votre place.

◊ Voyez-vous debout à l'endroit que vous venez de quitter. Mentalement, entrez dans les yeux de celui que vous étiez debout et regardez-vous tel que vous êtes assis maintenant. Voyez-vous vous-même en face de vous, à quelques mètres, debout ou assis, comme cela vous convient le mieux.

Selon les besoins et ce qui sera le plus efficace, on peut se dissocier dans le temps ou dans l'espace. Regarder la situation d'ici et maintenant (l'événement, ainsi que la façon dont je suis affecté) depuis celui que nous serons dans dix ans, depuis l'œil d'un observateur dans cent ou mille ans... Dans la pièce d'à côté, du pays voisin ou d'une autre galaxie.

La technique est particulièrement pertinente quand vous avez besoin de prendre de la hauteur vis-à-vis d'un problème, quand vous n'arrivez pas à comprendre ce qui se passe, à maîtriser tous les enjeux d'une situation.

4

Je me relaxe

La relaxation est un outil fondamental de la gestion des émotions. Nos émotions non dites s'inscrivent physiquement en nous. Elles sont à l'origine de tensions qui raidissent nos organismes. La détente consciente libère le corps du trop-plein de ces tensions, relâche les muscles, calme les angoisses, stoppe le petit vélo des arguments dans nos têtes anxieuses... Et permet de prendre du recul.

En outre, la relaxation ouvre une porte sur nos univers intérieurs. Quand l'organisme est engourdi, la conscience, libérée des sollicitations de l'environnement, peut se tourner vers l'intérieur. C'est un état privilégié pour laisser venir à soi des images, des messages de nos inconscients, et ainsi mieux nous connaître.

Notre inconscient peut nous livrer des clefs de compréhension de notre vécu, sur la nature réelle des relations que nous entretenons avec autrui. Il peut faire surgir des souvenirs oubliés, dont la teneur affective va éclairer nos conflits d'aujourd'hui.

Se relaxer s'apprend. Le mieux est d'avoir un guide auprès de soi. Il y a sûrement une association près de chez vous, un praticien, un ami, qui sauront vous accompagner dans cet apprentissage. Il existe aussi dans le commerce toutes sortes de cassettes enregistrées, avec ou sans musique, avec ou sans thème. Différentes méthodes sont proposées. Certaines vous invitent à vous imaginer dans une situation de détente, sur une plage, d'autres à relaxer un à un chaque muscle, d'autres encore vous proposent de vous aider de visualisations... Testez et choisissez ce qui vous convient.

> ◊ *Installez-vous confortablement. Fermez les yeux. Respirez dans chaque parcelle de votre corps.*
> *Commencez par exemple par une main, le bras, puis l'autre main, le bras, les épaules, la poitrine, le ventre, le bassin, le sexe, une jambe, jusqu'aux orteils, l'autre jambe, jusqu'aux orteils, respirez dans le bas du dos, respirez dans chaque vertèbre et remontez toute la colonne vertébrale. Respirez dans le cou, dans la tête, dans votre front, vos yeux, vos joues, votre bouche. Respirez dans tout votre corps, jusqu'à ce que votre corps entier respire.*

5

Je médite

La méditation n'est ni relaxation ni prière, c'est un état de pleine conscience, une observation de ce qui se passe en soi et au-delà de soi. Elle commence par un état de concentration et nous mène plus loin, dans un espace d'absorption, de détachement, de distance à soi tout en étant en intimité avec soi, de plénitude et de vide, de silence intérieur et de communion avec l'univers.

La méditation est un outil incomparable pour acquérir détachement et sérénité. Être détaché ne signifie pas nier ses émotions, mais au contraire les accueillir, les regarder, en saisir les causes, le tout sans attache particulière. Autrement dit, il s'agit d'équanimité, cette capacité à accueillir les épreuves et les succès, les difficultés et les moments heureux, dans la même stabilité intérieure.

◊ Installez-vous confortablement, assis de préférence, au sol, sur un coussin ou sur une chaise, mais le dos bien droit (installez un petit coussin sous le sacrum, ou offrez-vous un siège adapté à la posture, en vente sur les salons écologiques).
Si vous êtes au sol, vos jambes sont repliées en tailleur ou en lotus face à un mur, ou à un espace sans trop de sollicitations visuelles. Vous avez débranché votre téléphone, fermé votre porte aux enfants, vous avez un moment à vous.

◊ *Prenez conscience de votre respiration. Fixez un point sur le sol à un mètre de vous environ, ou un détail du mur qui vous fait face, une image religieuse, une photo, la flamme d'une bougie... Et restez simplement en silence. Observez votre respiration... Et ce qui se passe en vous.*
Vous pouvez aussi fermer les yeux, mais la concentration est souvent alors un peu plus difficile. Toutes sortes d'images et de pensées s'installent très vite dès que l'écran du mental est disponible.

◊ *Inspirez profondément, puis expirez. Concentrez-vous sur votre respiration. Dites-vous « j'inspire » et « j'expire » tout en suivant mentalement le chemin de l'air en vous. Soyez attentif à la sensation que vous procure l'air en passant par les narines.*
Une pensée passe ? Regardez-la passer comme une vache regarde un train. Ne l'accrochez pas, ne la suivez pas. Ne la refusez pas. Regardez-la simplement.

Au début, une durée de trois minutes par jour est largement suffisante. Il n'est pas si simple de rester concentré uniquement sur sa respiration et de regarder passer ses pensées sans s'y attacher ni les suivre. Puis vous augmentez progressivement. Quand vous devenez capable de cette ascèse pendant une dizaine de minutes par jour, vous connaissez un nouveau calme intérieur qui se manifeste dans tout votre quotidien !

Une fois installé dans le calme intérieur, vous pouvez, comme dans la relaxation, évoquer votre écran intérieur et y projeter ce que vous désirez.

◊ *Dans votre espace intérieur, installez un cinéma. Placez mentalement votre écran et projetez... un souvenir.*
Commencez par regarder tous vos gestes depuis votre lever ce matin. Voyez-vous sur l'écran vous lever, vous laver, vous habiller, manger...
Soyez le témoin de vos actes quotidiens.

Exercez-vous sur des périodes anodines. Vous pourrez ensuite repasser des scènes importantes, des épisodes de conflits, ou tout autre situation difficile. Le témoin en vous observe SANS JUGEMENT ! Son regard est de compassion. L'objectif de la méditation n'est pas d'analyser la situation avec la pensée consciente, mais de s'en détacher pour en saisir la nature profonde, la replacer dans une perspective plus large.

Il arrive parfois que des images surprenantes apparaissent dans votre esprit. Vous tentez de maintenir votre attention sur votre respiration, ou sur une scène de votre quotidien, et des images non désirées font irruption : la liste des courses à faire, ce que vous allez manger ce soir, le livre oublié chez un ami, mais aussi des images plus ou moins terrifiantes ou monstrueuses. Que sont ces dernières ? des nœuds de votre psyché qui font surface, des émotions refoulées, de puissantes images issues de l'inconscient. Comme on les regarde simplement sur son écran intérieur, sans affect, sans s'attacher, sans s'identifier, elles perdent peu à peu leur intensité.

Il existe de multiples techniques de méditation autour de la gestion des émotions.

Méditation et psychothérapie apparaissent à beaucoup comme antinomiques. En fait, elles utilisent des techniques souvent extrêmement proches. Dans un forum, alors que je décrivais un exercice de guérison de l'enfant intérieur, mon voisin à la tribune, un spécialiste de l'Ayurveda, m'a dit sa stupéfaction d'entendre décrire une technique très ancienne. Une autre fois, une amie me raconta comment son maître, un guru indien de l'Himalaya, lui avait donné comme premier exercice : « Imagine que tu es sur les genoux de ta mère, tu es un nouveau-né » et lui avait fait revivre les sentiments ressentis alors. Un marabout nord-africain assistant à un stage s'étonna de me voir utiliser certaines techniques des sorciers du désert... Les approches thérapeutiques occidentales modernes redécouvrent les techniques anciennes !

Certains utilisent la méditation pour fuir la réalité, et sous prétexte de liberté s'enferment avec eux-mêmes. La véritable liberté n'a pas peur de l'intimité. À la base, la méditation a justement pour but de vous mettre plus en contact avec le réel, en vous apprenant à être conscient à chaque instant, à être présent à vous-même et à l'environnement. Elle ne fuit pas la relation. Elle lui donne la profondeur. Ce qui frappe à l'approche d'un grand méditant, c'est la capacité d'amour qui se dégage de lui.

Au bout du compte, la méditation vise le non-attachement, l'unité avec tout ce qui vit, c'est-à-dire la liberté et la conscience de l'interdépendance de toutes choses.

Conclusion

Voilà. Nous arrivons au terme de ce voyage.

J'espère vous avoir permis de sentir combien **nos émotions sont nos amies.**

Écouter le langage de son cœur oblige à désapprendre certains réflexes. Nous sommes tentés de faire confiance à ce que nous nommons, souvent à tort, la « raison ». Derrière ce vocable, nous entendons la société, l'ordre, l'obéissance... Le mental, toutes ces rationalisations apprises de nos parents, de nos professeurs, ou déduites de nos aventures, nous éloignent de nous-mêmes. Est-il bien raisonnable de refuser d'entendre cette petite voix à l'intérieur qui souffle « Non, ne te marie pas avec lui/elle », « Non, ne fais pas cette erreur » ou « Oui, c'est ton chemin, vas-y ! »

Denis n'a pas osé s'opposer à son père pour le choix de son métier. À cinquante ans, il fait un infarctus... Et se donne enfin la permission de tout quitter et de reprendre les études de médecine qu'il n'a jamais pu faire.

À cet homme qui disait l'aimer, Denise n'a pas osé dire qu'elle n'éprouvait pas les mêmes sentiments. Et puisque tous autour d'elle semblaient trouver que c'était un excellent parti, pourquoi pas ? Mais elle ne vit pas **sa** vie. Tant qu'elle avait à s'occuper de ses enfants, elle a pu mettre de côté ses frustrations, ses insatisfactions. Elle a fait taire la petite voix en elle qui tentait de lui parler. Centrée sur les besoins de ses enfants, elle n'identifiait même plus les siens. Ses enfants ont grandi. Ils sont partis de la maison. Denise se retrouve face au vide de son existence. Elle est en dépression.

Ne pas suivre sa route personnelle met l'organisme en situation de stress permanent. La rançon du déni est lourde : dépressions, cancers, maladies cardiovasculaires... Nos nœuds émotionnels forment des tensions dans le corps et font obstacle à une respiration à pleins poumons. **Pour vivre pleinement, respirons pleinement !**

De plus, toutes les émotions retenues forment des complexes qui attirent des situations de répétition. Dictant nos réactions, les affects refoulés dans l'inconscient déterminent nos expériences et finalement nous mènent par le bout du nez. **Personne ne gagne en liberté à réprimer ses émotions.**

Les émotions sont fortement contagieuses et d'autant plus qu'elles sont non dites. Nous vivons dans l'illusion d'être des personnes indépendantes les unes des autres. Mais nos inconscients sont liés, nous sommes interdépendants. Selon notre sensibilité individuelle, nous sommes plus ou moins réactifs aux émotions conjugales, familiales ou collectives, consciemment ou plus souvent inconsciemment.

Le chemin vers la liberté est celui de la pleine conscience. Conscience de soi, de l'autre, de sa place parmi les autres, de l'interdépendance de tous les êtres et de toutes choses.

J'ai encore écrit beaucoup de mots dans ce livre. Je les ai écrits avec mon cœur, j'espère vous avoir touché. De tous ces concepts parcourus, si vous n'en retenez qu'un, je forme le vœu que ce soit le non-jugement. C'est un des préceptes les plus importants de toutes les religions, mais il est si difficile à appliquer que nous l'oublions trop souvent. Derrière un jugement, il y a une émotion, un besoin. Apprendre à identifier ses émotions, à formuler ses besoins, sont des moyens pour se libérer des jugements.

Le non-jugement est une clef magique. Une clef qui vous ouvrira les portes de votre propre cœur, de celui des autres... Et peut-être au-delà, celui de l'Univers.

Quelques ouvrages utiles pour aller plus loin...

Sur les émotions et les relations humaines :

Adams, Linda, *Communication efficace*, Le jour éditeur, Québec, 1993.

Ancelin-Schutzengerger, Anne, *Aïe, mes aïeux !*, Desclée de Brouwer, Paris, 1998.

André, Christophe, Legeron, Patrick, *La Peur des autres*, Odile Jacob, Paris, 1995.

Canault, Nina, *Comment paye-t-on les fautes de ses ancêtres*, Desclée de Brouwer, Paris, 1998.

Corneau, Guy, *La Guérison du cœur. Nos souffrances ont-elles un sens ?*, Robert Laffont, Paris, 2000.

Crèvecœur, Jean-Jacques, *Être pleinement soi-même*, Jouvence, Paris, 2000.

Damasio, Antonio, R., *L'Erreur de Descartes*, Odile Jacob, Paris, 1995.
Le Sentiment même de soi, Odile Jacob, Paris, 1999.

Diamond, John, *Le Corps ne ment pas*, Le souffle d'or, Barret-le-Bas, 1989.

Ekman, Paul, Davidson, Richard, J., *The Nature of Emotion. Fundamental Questions*, Oxford University Press, Inc., New York, 1994.

English, Fanita, *Qui suis-je face à toi ?*, Hommes et groupes, Paris, 1987.

Fromm, Éric, *Le Cœur de l'homme*, Petite Bibliothèque Payot, Paris, 1991.

Goleman, Daniel, *L'Intelligence émotionnelle*, Robert Laffont, Paris, 1997.

Janov, Arthur, *Le Corps se souvient. Guérir en revivant sa souffrance*, Le Rocher, Paris, 1997.
Prisonniers de la souffrance, Robert Laffont, Paris, 1982.
Lerner, Harriet, Goldhor, *Le Pouvoir créateur de la colère*, Le jour éditeur, Québec, 1994.
Lipovetsky, Gilles, *Le Crépuscule du devoir, l'éthique indolore des nouveaux temps démocratiques*, Gallimard, Paris, 1992.
Lynch, James, *Le Cœur et son langage*, InterÉditions, Paris, 1987.
Portelance, Colette, *La Liberté dans la relation affective*, CRAM, Québec, 1996.
Rojzman, Charles, *La Peur, la haine et la démocratie*, Desclée de Brouwer, Paris, 1992.
Rosenberg, Marshall, B., *Les mots sont des fenêtres (ou des murs)*, Syros, Paris, 1999.
Steiner, Claude, *L'a. b. c. des émotions*, InterÉditions, Paris, 1998.
L'Autre Face du pouvoir, Desclée de Brouwer, Paris, 1995.
Tenenbaum, Sylvie, *Nos paysages intérieurs. Ces idées qui nous façonnent*, InterÉditions, Paris, 1992.
Tisseron, Serge, *Secrets de famille, mode d'emploi*, Ramsay/Archimbaud, Paris, 1996.
Zaraï, Rika, *Ces émotions qui guérissent*, Michel Lafon, Paris, 1995.

Sur les émotions au travail :

Chalvin, Dominique et Eyssette, François, *Comment sortir des petits conflits dans le travail*, Bordas, Paris, 1984.
De Bono, Edward, *Conflits. Vers la médiation constructive*, InterÉditions, Paris, 1988.
De Panafieu, Jacques, *Gagner sa vie sans la perdre*, Belfond/L'âge du Verseau, Paris, 1991.
Dejours, Christophe, *Souffrance en France. La Banalisation de l'injustice sociale*, Le Seuil, Paris, 1998.
Fischer, Roger et Ury, William, *Comment réussir une négociation*, Le Seuil, Paris, 1982.
Goleman, Daniel, *L'Intelligence émotionnelle 2*, Robert Laffont, Paris, 1997.
C. Kinlaw, Dennis, *Adieu patron ! Bonjour Coach ! Promouvoir l'engagement et améliorer la performance*, Éditions Transcontinental, Québec, 1997.
Kouzes, James, *Les 10 pratiques des leaders exemplaires, le défi du leader*, Actualisation, Québec, 1998.

Laborey, Jean-François, *Maîtrisez vos entretiens d'appréciation*, Chotard & associés, Paris.
Lowen, Alexander, *Gagner à en mourir*, H&G, Paris, 1987.

Sur le couple :

Corneau, Guy, *N'y a-t-il pas d'amour heureux ?* Robert Laffont, Paris, 1997.
Dutton, Donald G., *De la violence dans le couple*, Bayard, Paris, 1996.
Fromm, Éric, *L'Art d'aimer*, Épi, Paris, 1968.
Gottman, John, M., *Les couples heureux ont leurs secrets. Les sept lois de la réussite*, Lattès, Paris, 2000.
Gray, John, *Les hommes viennent de Mars, les femmes viennent de Vénus*, Michel Lafon, Paris, 1998.
James, Paula, *Le Divorce par la médiation*, Logiques, Québec, 1999.
Kaufmann, Jean-Claude, *Analyse du couple par son linge*, Nathan, Paris, 1992.
Leblanc-Halmos, Bernard, *Comment parfaire l'amour*, Albin Michel, Paris, 1995.
Leigh, Wendy, *L'Infidélité*, Éd. de l'homme, Québec, 1986.
Portelance, Colette, *Vivre en couple... et heureux c'est possible*, CRAM, Québec, 1999.
Tanner, Deborah, *Décidément, tu ne me comprends pas !*, J'ai lu, Paris, 1990.

Sur la sexualité :

Robert, Jocelyne, *Parlez-leur d'amour et de sexualité*, Éd. de l'homme, Québec, 1999. (Comment parler de la sexualité aux enfants et adolescents).
Vidal-Graf, Ajanta et Serge, *Mais tu ne m'avais jamais dit ça !*, Jouvence, Paris, 1998.

Concernant nos parents :

Cyrulnik, Boris, *Un merveilleux malheur*, Odile Jacob, Paris, 1999.
Lempert, Bernard, *Désamour*, Le Seuil, Paris, 1994.
Maschino, Maurice, T., *Y a-t-il de bonnes mères ?* Belfond, Paris, 1999.
Miller, Alice, *Chemins de vie*, Flammarion, Paris, 1998.

Pour approfondir quelques outils de gestion émotionnelle :

Callahan, Roger, *Cinq minutes pour vaincre l'anxiété*, Le souffle d'Or, Barret-le-Bas, 1995.

Chodron, Thubten, *Cœur ouvert, esprit clair. La pratique du bouddhisme tibétain au quotidien*, Dangles, Saint-Jean-de-Braye, 1999.

Durckeim, Karlfried, Graf, *Méditer*, Le courrier du livre, Paris, 1978.

Frankl, Viktor, E., *Découvrir un sens à sa vie*, Actualisation, Québec, 1988.

Grau, Christiane, *Pour aider à mieux vivre*, Jouvence, Suisse, 1996.

Manent, Geneviève, *La Relaxation pour ensoleiller le quotidien*, Le Souffle d'Or, Barret-le-Bas, 1997.

Savatofski, Joël, *Le Massage douceur*, Dangles, Saint-Jean-de-Braye, 1986.

Thich Nhat Hanh, *La Paix, un art, une pratique*, Le Centurion, Paris, 1991.
   La Sérénité de l'instant. Paix et joie à chaque pas, Dangles, Saint-Jean-de-Braye, 1992.

Ouverture vers la dimension sociale :

Brauman, Rony et Eyal, Sivan, *Éloge de la désobéissance*, Pommier, Paris, 1999.

Rojzman, Charles, *Savoir vivre ensemble*, Syros, Paris, 1998.

Pour vous remonter le moral et retrouver goût à la vie dans les moments de déprime :

Canfield, Jack et Victor Hansen, Mark, *Bouillon de poulet pour l'âme*, J'ai lu, Paris, 1997.

Pour recevoir les programmes des conférences et stages,
ou acheter les cassettes d'exercices,
écrivez-moi (lisiblement) vos noms, prénoms et adresse :

Isabelle FILLIOZAT
454, Carraire de Verguetier
13090 Aix-en-Provence
Tél. : 04 42 92 62 88
Fax. : 04 42 92 50 89
Internet : www.filliozat.net

Pour recevoir une liste de psychothérapeutes dans l'énergie de ce livre, envoyez une enveloppe timbrée à votre adresse.

Table des matières

Introduction 9

I. Vocabulaire et points de repères

1. Abécédaire de quelques notions fondamentales................ 17
2. Que se passe-t-il en moi ? 30
3. De l'illettrisme à la maîtrise.. 32
4. Mes stratégies pour ne pas sentir..................................... 40
5. Reprenez contact avec vos sensations 43
6. Comment savez-vous que vous êtes triste ou en colère ?... 46
7. La fonction et l'expression des émotions......................... 51
8. Ces images qui nous dirigent 66

II. Les sentiments parasites

1. Les réactions « élastiques »... 71
2. Les sentiments de substitution 74
3. Le mécanisme de projection.. 76
4. Les collections de timbres... 79
5. Angoisse, peurs, paniques et phobies.............................. 83
6. Pommes de terre chaudes ou transmissions transgénérationnelles... 92
7. Contagion 97
8. Je regarde et j'accepte mon émotion 101
9. Analyse d'un blocage émotionnel.................................... 105
10. Sous la dépression, colères et peurs 107

III. Peut-on toujours montrer ses sentiments dans le monde du travail ?

1. Émotions ou émotivité 113
2. Êtes-vous conscient de vous ? 117
3. La joie indique le chemin 121
4. Êtes-vous ambitieux ? 123
5. Faire face aux situations difficiles 127
6. Les relations d'équipe 130
7. Les quatre verbes de la relation 136
8. L'expression juste de la colère 138
9. Vos relations avec la hiérarchie 143
10. Sortir des jeux de pouvoir 148
11. Respectez les émotions de vos clients 153

IV. Les pièges du couple

1. Diagnostic santé de votre couple 161
2. Amour ou dépendance ? 164
3. Qu'est-ce qui nous pousse dans les bras les uns des autres ? 169
4. Accumulation de ressentiment 179
5. Disputes et jeux de pouvoir 183
6. Hommes et femmes jouent des jeux complémentaires 190
7. Rancunes et désirs de vengeance 193

V. Conjuguer l'amour en couple

1. S'aimer soi-même pour accepter l'amour de l'autre 199
2. Les conditions du bonheur : sécurité et pouvoir sur soi 201
3. L'expression de soi sans jugement sur l'autre 204
4. L'intimité 207
5. Liens de cœur à cœur et mots d'amour 210
6. Savoir dire non 213
7. Exprimer un mécontentement 216
8. Interprétations égocentriques et grain de vérité 225
9. Écoute empathique et accueil des émotions 230
10. Amour et/ou sexe 236
11. Désir et plaisir 243
12. Fidèle ? Infidèle ? 246

VI. Nous avons tous des parents

1. Lutter contre les mamans qui veulent faire plaisir et autres manipulations parentales 254
2. Avez-vous la liberté de rire et de danser ? 258
3. Guérir de son passé, libérer les émotions bloquées 261
4. Une vie pour punir ses parents 267
5. La guérison de l'enfant intérieur 269
6. Même les gens que l'on aime peuvent mourir un jour 271

VII. Quelques outils supplémentaires pour gérer vos émotions

1. Je respire 277
2. Je me centre sur l'extérieur 280
3. Je me dissocie 282
4. Je me relaxe 284
5. Je médite 286

Conclusion 291

Quelques ouvrages utiles pour aller plus loin 293